DIANLI BIAOZHUNHUA
JICHU ZHISHI WENDA

电力标准化
基础知识问答

主　编　于　明
副主编　常云岭　刘竞博
　　　　杜　亚　韩伯弟

中国电力出版社
CHINA ELECTRIC POWER PRESS

图书在版编目（CIP）数据

电力标准化基础知识问答/于明主编. --北京：中国电力出版社，2024.8. -- ISBN 978-7-5198-9058-2

Ⅰ.F426.61-44

中国国家版本馆 CIP 数据核字第 2024N2X500 号

出版发行：中国电力出版社
地　　址：北京市东城区北京站西街 19 号（邮政编码 100005）
网　　址：http://www.cepp.sgcc.com.cn
责任编辑：王杏芸（010-63412394）
责任校对：黄　蓓　马　宁
装帧设计：赵姗姗
责任印制：杨晓东

印　　刷：北京雁林吉兆印刷有限公司
版　　次：2024 年 8 月第一版
印　　次：2024 年 8 月北京第一次印刷
开　　本：710 毫米×1000 毫米　16 开本
印　　张：12.25
字　　数：166 千字
定　　价：48.00 元

版 权 专 有　侵 权 必 究

本书如有印装质量问题，我社营销中心负责退换

编委会

主　编　于　明
副主编　常云岭　刘竞博　杜　亚　韩伯弟
编　委　邢天夫　徐一凡　刘　杰　周　驰
　　　　罗德海　刘　爽　韩学波　颜绍霖
　　　　王　毅　李　明　王　徽　何晓涛
　　　　王志佳　王思思　侯春杰　赵思雨
　　　　房威孜　赵　霞　刘达夫　王　冉
　　　　娄　赟　段云肖　张玲玲　张　博
　　　　张　梅　付红娟　王思慧　孙弋凌
　　　　李　磊　姜先平

前　言

　　一流的企业做标准，二流的企业做品牌，三流的企业做产品。对于具有先进生产技术、工艺的企业来说，能将先进的技术和管理经验转化为企业标准，并推广使用，就能达到竞争对手难以达到的水平，从而推动企业的不断发展。

　　标准对于企业来说，就像房屋的地基一样，默默为企业的繁荣昌盛做着贡献。本书从标准与企业的密切关系入手，向读者介绍了标准与标准化基础知识、标准体制机制的建设、标准制修订、标准体系、企业标准化和标准化良好行为企业、标准化工作实例等内容。

　　读者通过本书可以体会到标准在企业中的重要作用，会意识到标准与企业的发展是密不可分的。通过对本书的阅读，您会对标准和标准化工作加深认识，知道标准是提高自己工作水平和工作能力最好的指导老师，是提高企业整体技术水平、管理水平有力的支撑。如果把标准化的方法应用到工作，参与到标准化的建设中，您还会真正享受标准带来的益处，成为标准的受益者。

　　本书由中电联标准化管理中心、中电联科技服务中心有限责任公司与贵州西电电力股份有限公司黔北发电厂等共同组织，并邀请有关标准化专家撰写，力图对焦企业的标准化建设，解决电力行业在标准化工作中遇到的难题，做到通俗易懂，由于时间仓促和经验限制，书中难免有不妥之处，衷心希望读者提出宝贵意见。

编　者

2024 年 6 月

目 录

前言

一、标准与标准化基础知识 ... 1

  1. 什么是标准？ ... 2

  2. 如何理解标准？ ... 2

  3. 标准是怎样产生出来的？ ... 3

  4. 标准与技术规范、规程的区别是什么？ ... 3

  5. 什么是法规和技术法规？ ... 4

  6. 标准如何分类？ ... 5

  7. 什么是标准分类号？ ... 5

  8. 什么是国际标准分类法？ ... 6

  9. 什么是中国标准文献分类法？ ... 6

  10. 什么是标准编号？ ... 6

  11. 标准代号的含义是什么？ ... 8

  12. 标准的分部分编号规则有哪些？ ... 13

  13. 标准顺序号的意义是什么？ ... 13

  14. 什么是标准年号？ ... 14

  15. 什么是强制性标准？ ... 14

  16. 什么是推荐性标准？ ... 15

  17. 什么是推荐性国家标准？ ... 15

  18. 什么是标准化指导性文件？ ... 16

  19. 什么是国际标准？ ... 16

  20. 什么是区域标准？ ... 16

21. 什么是国家标准？ …………………………………………… 17
22. 什么是行业标准？ …………………………………………… 17
23. 什么是地方标准？ …………………………………………… 18
24. 什么是团体标准？ …………………………………………… 18
25. 什么是技术标准？ …………………………………………… 19
26. 技术标准的特点、作用和意义有哪些？ ………………………… 19
27. 什么是管理标准？是怎么分类的？制定管理标准的目的
    是什么？ ……………………………………………………… 21
28. 管理标准的种类有哪些？ …………………………………… 22
29. 管理标准的作用和意义有哪些？ …………………………… 23
30. 什么是岗位标准？ …………………………………………… 23
31. 岗位标准的作用与意义有哪些？ …………………………… 23
32. 什么是企业标准？ …………………………………………… 23
33. 企业标准制定的范围和内容主要有哪些？ ………………… 24
34. 企业标准是强制性的吗？ …………………………………… 24
35. 对于标准中的条款，"一定要执行"与"强制性条款"的
    关系是什么？ ………………………………………………… 25
36. 怎样理解标准的公开程度？ ………………………………… 25
37. 被替代的标准还可以使用吗？ ……………………………… 25
38. 什么是采用国际标准？ ……………………………………… 26
39. 采用国际标准应遵守什么原则？ …………………………… 26
40. 采用国际标准的方式有哪些？ ……………………………… 27
41. 世界标准日是哪天？其来历是什么？ ……………………… 28
42. 什么是标准化？标准化的目的是什么？ …………………… 29
43. 标准化的三要素是什么？ …………………………………… 30
44. 标准化的原理有哪些？ ……………………………………… 31
45. 简化的目的、作用和应遵循的原则有哪些？ ……………… 32

46. 统一的目的、作用和应遵循的原则有哪些？ …………… 33
47. 协调的目的和作用分别是什么？ ………………………… 35
48. 优化的目的和作用分别是什么？ ………………………… 35
49. 什么是戴明（PDCA）管理模式？ ……………………… 35
50. 质量管理与标准化管理的关系是什么？ ………………… 37
51. 中国加入WTO时，关于标准化方面的主要承诺是什么？ … 38

二、体制机制建设 ……………………………………… **39**

1. 标准的发布机构、制定及流程有哪些？ ………………… 40
2. 国家标准化管理委员会对标准化行政管理有哪些职能？ … 40
3. 国务院有关行政主管部门有哪些标准化职责？ ………… 41
4. 住房和城乡建设部对标准化行政管理有哪些职能？ …… 41
5. 国家能源局对标准化行政管理有哪些职能？ …………… 42
6. 地方标准化行政主管部门有哪些标准化职责？ ………… 42
7. 中国电力企业联合会有哪些标准化职责？ ……………… 43
8. 什么是专业标准化技术委员会？ ………………………… 44
9. 专业标准化技术委员会的主要工作内容有哪些？ ……… 45
10. 专业标准化技术委员会的构成及职责有哪些？ ………… 45
11. 标委会章程主要内容有哪些？ …………………………… 46
12. 标委会换届工作流程是什么？ …………………………… 47
13. 如何调整标委会委员？ …………………………………… 48
14. 如何设立分技术委员会？ ………………………………… 48
15. 专业标准化技术委员会日常工作有哪些？ ……………… 48
16. 标委会年度会议主要内容有哪些？ ……………………… 50
17. 什么是专业标准化工作组？ ……………………………… 51
18. 专业标准化技术委员会是如何组建的？ ………………… 51
19. 国际标准化组织（ISO）是什么性质的组织？ ………… 52
20. 国际电工委员会（IEC）是什么性质的组织？ ………… 53

21. IEC/TC 115 是什么组织？ ………………………………… 54

22. IEC/PC 118 是什么组织？ ………………………………… 55

23. 美国电气和电子工程师协会（IEEE）是什么组织？ …… 56

三、标准制修订 …………………………………………… 57

1. 国际标准的制定有哪些程序？ …………………………… 58

2. 我国标准制定有哪些程序？ ……………………………… 58

3. 什么是标准制定的快速程序？ …………………………… 59

4. 标准立项的准备工作主要有哪些？ ……………………… 60

5. 标准需求分析的主要内容有哪些？ ……………………… 60

6. 怎样进行标准的立项申请？ ……………………………… 61

7. 标准的编制过程是什么？ ………………………………… 62

8. 标准草案是什么？ ………………………………………… 65

9. 标准征求意见稿是什么？ ………………………………… 65

10. 标准送审稿是什么？ ……………………………………… 65

11. 标准报批稿是什么？ ……………………………………… 66

12. 标准审查提交的审查资料有哪些？ ……………………… 67

13. 标准审查的方式有哪些？ ………………………………… 68

14. 标准审查的重点有哪些？ ………………………………… 69

15. 不能按期完成标准编制计划的标准处理方式有哪些？ …… 70

16. 如何进行标准的报批？ …………………………………… 70

17. 如何进行标准发布后的管理工作？ ……………………… 71

18. 标准的分类有哪些？ ……………………………………… 73

四、标准体系 ……………………………………………… 74

1. 什么是标准体系？ ………………………………………… 75

2. 什么是企业标准体系？ …………………………………… 75

3. 什么是技术标准体系？ …………………………………… 75

4. 什么是管理标准体系? ································· 76

5. 什么是岗位标准体系? ································· 76

6. 建立企业标准体系总的要求是什么? ················ 76

7. 企业标准体系中的标准之间的"内在联系"和"有机整体"的含义是指什么? ································· 77

8. 企业标准体系与企业实施的诸如质量、环境等诸管理体系之间的关系应如何整合? ································· 77

9. 什么是标准体系表? ································· 77

10. 标准体系表的作用有哪些? ································· 78

11. 标准体系表是怎样构成的? ································· 79

12. 标准体系包括什么内容? ································· 79

五、企业标准化和标准化良好行为企业 ················ 81

1. 什么是企业标准化?企业标准化有哪些内容? ············ 82

2. 企业标准化工作的作用有哪些? ································· 82

3. 企业标准化工作开展的原则和依据是什么? ············ 84

4. 电力企业开展标准化工作主要依据哪些标准文件? ······ 84

5. 企业标准化工作的主要任务是什么? ································· 85

6. 对标准化管理人员有哪些要求? ································· 86

7. 标准化信息资料的收集范围有哪些? ································· 86

8. 什么是标准档案?企业如何建立标准档案? ············ 87

9. 标准档案管理有何意义? ································· 87

10. 标准档案的作用是什么? ································· 87

11. 何为标准化良好行为企业? ································· 88

12. 电力行业如何确定标准化良好行为企业的级别? ········· 89

13. 开展标准化良好行为企业建设的步骤有哪些? ·········· 89

14. 怎样建立企业标准化管理机构? ································· 90

15. 企业标准化委员会的主要任务和组织形式特点是什么? ······ 90

16. 企业标准化委员会职责是什么？ …………………… 90
17. 企业标准化办公室（处、科）的职责是什么？ ……… 91
18. 企业标准化各部门的职责是什么？ …………………… 91
19. 如何制定标准化方针和目标？ ………………………… 92
20. 如何组织标准化培训？ ………………………………… 93
21. 怎样编制企业标准化管理规定？ ……………………… 93
22. 建立企业标准体系的基本原则是什么？ ……………… 94
23. 企业标准体系表的基本内容构成是什么？ …………… 95
24. 编制企业编制体系表时需要注意哪些问题？ ………… 97
25. 编制标准明细表应注意哪些方面？ …………………… 98
26. 标准体系表编制说明的内容有哪些？ ………………… 99
27. 电力企业技术标准体系的内容有哪些？ ……………… 99
28. 编写电力企业技术标准有哪些要求和内容？ ………… 100
29. 电力企业管理标准体系的内容有哪些？ ……………… 101
30. 编写电力企业管理标准有哪些要求和内容？ ………… 101
31. 电力企业岗位标准体系的内容有哪些？ ……………… 102
32. 编写电力企业岗位标准有哪些要求和内容？ ………… 103
33. 决策层、管理层、操作层人员岗位标准控制的主要对象分别是哪些？ ……………………………………… 104
34. 岗位标准与技术标准、管理标准之间的关系是什么？ … 105
35. 企业如何开展标准体系自我评价工作？ ……………… 106
36. 如何申报标准化良好行为企业？ ……………………… 108
37. 企业进行标准化良好行为确认的基本流程是什么？ … 109
38. 企业可以通过哪些方式参与国际标准化活动？ ……… 111
39. 企业参与国际标准化活动包含哪些内容？ …………… 113
40. 企业如何积极跟踪国际标准化活动？ ………………… 113
41. 企业标准化信息管理的基本要求是什么？ …………… 114

42. 标准化信息管理的一般特性是什么？ …………………… 115

六、标准化工作实例 …………………………………………… 117

1. 企业如何开展标准化工作的需求分析？ ………………… 118
2. 企业如何开展文件清理？ ………………………………… 120
3. 企业如何开展业务识别？ ………………………………… 123
4. 企业如何编制企业标准体系表？ ………………………… 128
5. 企业标准的有效期有多长？ ……………………………… 129
6. 企业技术标准如何分类？ ………………………………… 130
7. 电力企业如何确定自编技术标准的名称和数量？ ……… 132
8. 编写一个技术标准，要做好哪些准备工作？ …………… 134
9. 技术标准如何编制？ ……………………………………… 134
10. 电力企业如何确定自编管理标准（制度）的名称和
    数量？ …………………………………………………… 137
11. 编写一个管理标准（制度），需做好哪些准备工作？ … 139
12. 管理标准如何编制？ …………………………………… 140
13. 管理标准中的报告与记录如何确定？ ………………… 141
14. 企业存在多体系时，整合管理体系文件怎么编制和
    实施？ …………………………………………………… 142
15. 电力企业如何确定自编岗位标准的名称和数量？ …… 143
16. 编写一个岗位标准，要做好哪些准备工作？ ………… 144
17. 岗位标准如何编制？ …………………………………… 146
18. 标准中的规范性引用文件如何编写？ ………………… 147
19. 标准中的参考文献如何编写？ ………………………… 150
20. 如何实现标准的落地？ ………………………………… 152
21. 标准化工作中，如何有效地开展培训？ ……………… 154
22. 在标准化信息系统中，如何设置标准制定流程？ …… 155

附录 A 某火力发电企业的《300MW 机组热工检修规程》…… 156

附录 B 某火力发电企业的《法律法规与其他要求管理》……… 158

附录 C 某火力发电企业的《生产技术部主任岗位标准》…… 163

附录 D 某集团公司标准制定流程 …………………………… 167

附录 E 中华人民共和国标准化法 …………………………… 171

参考文献 ………………………………………………………… 180

一、标准与标准化基础知识

1. 什么是标准？

答：在国际标准化组织（International Organization for Standardization，ISO）1982年发布的第2号指南的定义中，标准是指适用于公众的、由各方合作起草并一致或基本上一致同意，以科学、技术和经验的综合成果为基础的技术规范或其他文件，其目的在于促进共同取得最佳效益，它由国家、区域或国际公认的机构批准通过。

该定义自发布以来，历经数次修订，并且在不同国家、不同组织也有所修订或改变。目前我国关于标准的定义如下：通过标准化活动，按照规定的程序经协商一致制定，为各种活动或其结果提供规则、指南或特性，供共同使用和重复使用的文件。（源自：GB/T 20000.1—2014《标准化工作指南 第1部分：标准化和相关活动的通用术语》）

2. 如何理解标准？

答：标准是具有特殊用途的特殊"技术产品"，其"特殊"是因其所附有的"约束性特征"；标准的实质是对一个特定的活动、过程或其结果（产品或输出）规定的共同遵守和重复使用的规则或特性文件，"共同遵守"和"重复使用"是标准的前提；标准的目的是为在一定范围内获取最佳秩序；一定范围明确了标准所涵盖的（技术）领域，而最佳秩序通常包含社会和经济两方面的内容。

标准形成的基础是当代科学、技术、综合经验，通过对当代科学、技术和综合经验进行总结提炼，形成共同遵守、重复使用的文件，给确定范围的活动提供规则、指南或特性。

标准的核心是技术内容，这些内容主要以共同或共通的术语、技术指标、要求、试验方法、检测方法、实现方式、规则、通用流程等进行展示，以求尽可能在广泛的群体中达成共识。

标准的产生是经与标准相关的各方共同协商达成的一致形成的，在形成标准的过程中，通过一定程序的约束保证着标准产生的公平、公正与可执行。

标准最为常见的表现形式是一种文件，外在形式是标准的载体，没有一定形式的载体作为标准的外在表现形式，标准的内在要求就无从谈起，这种外在形式也有相关标准（如 GB/T 1.1 或 DL/T 800）或文件［如建标〔2008〕182 号］进行约束和规定。

实物标准是标准的一种特殊存在形态，其相对独立，并可被人重复使用和有偿或无偿转让。

3. 标准是怎样产生出来的？

答：标准产生的方法是协商一致。标准产生过程中各相关组织、个人都可针对标准的内容和要求提出意见和建议，经标准审定委员会（可以是临时的组织，如临时的专家委员会，也可以是常设的组织，如具体专业的标准化技术委员会）大多数（通常是四分之三以上）委员审定认可后，由一个公认的权威机构批准发布，形成正式的标准文件。在我国，除企业标准以外，公认的权威机构通常由政府部门担当，统一管理和发布标准文件，比如：国家标准由国务院标准化行政主管部门（中国国家标准化管理委员会、国家质量监督检验检疫总局等）统一管理国家标准制定，负责国家标准的立项、编号、对外通报和依据授权发布。

4. 标准与技术规范、规程的区别是什么？

答：标准、规范、规程是出现频率最多的，也是人们感到较难理解的三个基本术语。

技术规范是规定产品、过程或者服务应满足技术要求的文件。它和标准的区别在于，这种文件没有经过制定标准的程序，但它和标准又是有联系的。首先，标准中的一些技术要求可以引用技术规范，这样的技术规范或技术规范中的某些内容就成为标准的一部分。其次，如果技术规范本身经过了标准制定程序，由一个公认机构批准，则这个技术规范就可以成为标准。

规程的定义为"为产品、过程或服务全生命周期的有关阶段推荐良好惯例或程序的文件"（参照 GB/T 20000.1—2014）。规程同样是一种文件，这种文件给出的是惯例或程序，而不是技术要求；这种惯例或程序给出的是"过程"而不是"结果"，而技术规范规定的是一种"结果"。另外，规程是"推荐"惯例或程序，而技术规范为"规定"技术要求。因此，从内容和力度上来看，规程和技术规范都存在明显差异。

规程和标准是有区别的，规程作为文件没有经过制定标准的程序。规程和标准是有联系的，首先，标准中的一些技术要求可以引用规程，这样的规程就成为标准的一部分。其次，如果规程本身经过了标准制定程序，由一个公认机构批准，则这个规程就可以成为标准。

5. 什么是法规和技术法规？

答： 法规是法令、条例、规则、章程等法定文件的总称。法规是由权力机构通过的有约束力的法律性文件，具有法律效力。法规与标准的区别在于法规是由国家立法机构发布的规范性文件，标准是由公认机构发布的规范性文件。虽然都是规范性文件，但是，法规在其辖区内具有强制性，所涉及的人员有义务执行法规的要求；而标准的发布机构没有立法权，所以标准只能是自愿性的，供有关人员自愿采用。

涉及技术要求的法规即可称为技术法规。技术法规的定义为：规定技术要求的法规，它或者直接规定技术要求，或者通过引用标准、技术规范或规程来规定技术要求，或者将标准、技术规范或规程的内容纳入法规中。技术法规与标准、技术规范或规程都有着直接的关系。技术法规是涉及技术要求的法规，它是法规的一种，因此，它是强制性的。

一、标准与标准化基础知识

6. 标准如何分类？

答：根据不同的分类准则，标准可以分为不同类别。

（1）按照标准针对的不同对象，标准分为基础标准、产品标准、方法标准、管理标准、工程建设标准等。

（2）按照标准法律约束力强弱，标准分为强制性标准（GB）、推荐性标准（GB/T）和指导性技术文件（GB/Z）。

（3）按照标准适用范围或是标准级别，标准可分为国际标准（ISO、IEC等国际标准化组织），区域标准（PASC-太平洋地区标准会议、CEN-欧洲标准委员会、ASAC-亚洲标准咨询委员会、ARSO-非洲地区标准化组织），国家标准（GB-中国、ANSI-美国、BS-英国、JIS-日本），行业标准（GJB-中国军用标准、MIT-S-美国军用标准、IEEE-美国电气电子工程协会、SJ-电子行业、DL-电力行业），地方标准（由DB加上省级行政区域代码的前两位），企业标准（由Q加上企业代号组成）等，在企业标准中，按照规范企业生产经营活动中的"物""事""人"对象不同，标准分为技术标准、管理标准、岗位标准。

此外，针对标准应用的领域不同，还有经济标准、实物标准（GSB）、标准物质等形式的标准存在。

7. 什么是标准分类号？

答：国际标准分类号是由国际标准化组织（ISO）编制、维护和管理的国际性标准文献专用分类号。

中国标准文献分类号是由国家市场监督管理总局组织编制的专用于标准文献的分类号。例如，在标准封面左上角会出现类似下面的两行字母和数字：

ICS 13.120

CCS A 12

5

位于上方的是国际标准分类号（又称ICS号），位于下方的是中国标准文献分类号。

8. 什么是国际标准分类法？

答：国际标准分类法（ICS）是由国际标准化组织编制的标准文献分类法。它主要用于国际标准、区域标准和国家标准以及相关标准化文献的分类、编目、订购与建库，从而促进国际标准、区域标准、国家标准以及其他标准化文献在世界范围的传播。

国际标准分类法是一个等级分类法，包含三个级别。第一级包含40个标准化专业领域，每个专业又细分为407个组（二级类），407个二级类中的134个又被进一步细分为896个分组（三级类）。国际标准分类法采用数字编号，第一级和第三级采用双位数，第二级采用三位数表示，各级分类号之间以实圆点相隔。一些二级类和三级类类名下设有范畴注释或指引注释。一般来说，范畴注释列出某特定二级类和三级类所覆盖的主题或给出其定义；指引注释指出某一特定二级类或三级类的主题与其他类目的相关性。

9. 什么是中国标准文献分类法？

答：中国标准文献分类法简称中标分类（CCS）。中国标准文献分类法的类目设置以专业划分为主，适当结合科学分类。序列采取从总到分，从一般到具体的逻辑系统。该分类法采用二级分类，一级主类的设置主要以专业划分为主，二级类目设置采取非严格等级制的列类方法；一级分类由24个大类组成，每个大类有100个二级类目；一级分类由单个拉丁字母组成，二级分类由双数字组成。

10. 什么是标准编号？

答：看标准时，标准的封面上都会看到一些字母或数字，例如，GB/T 1.1—2020、DL/T 2594—2023、DB52/T 994—2015，这些就是该标准所遵

一、标准与标准化基础知识

循的标准编号。标准就是按照一定的编号规则进行编号。编号规则由国务院标准化行政主管部门制定并公布。依据《国家标准管理办法》，标准编号由文件代号、顺序号及发布年份号等构成，一般格式为：标准代号＋顺序号＋年代号。顺序号一般采用阿拉伯数字表示，位数由标准化主管部门确定；年份号为标准发布的公元年号，采用4位阿拉伯数字表示；顺序号和年份号之间使用一字线形式的连接号。

各类标准编号的形式分别为：

（1）国家标准。

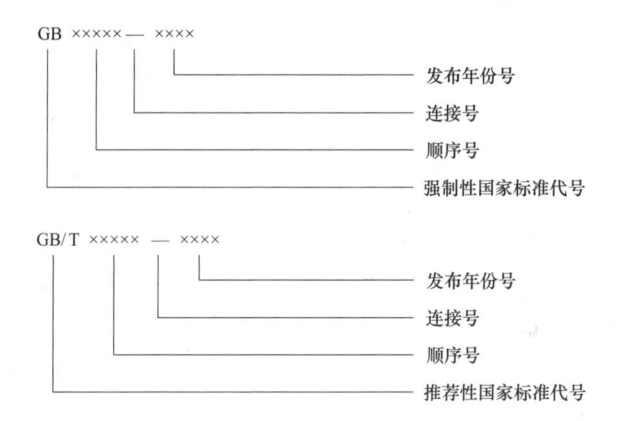

```
GB ×××××—××××
                发布年份号
                连接号
                顺序号
                强制性国家标准代号

GB/T ×××××—××××
                发布年份号
                连接号
                顺序号
                推荐性国家标准代号
```

（2）行业标准。

```
DL/T ×××××—××××
                发布年份号
                连接号
                顺序号
                推荐性行业标准代号
```

（3）地方标准。

```
DB××/T ×××××—××××
                发布年份号
                连接号
                顺序号
                推荐性地方标准代号
```

（4）团体标准。

```
T/×××  ×××××—××××
         │  │  │  │
         │  │  │  └─ 发布年份号
         │  │  └─── 连接号
         │  └────── 顺序号
         ├─ 团体代号 ────── ×××团体标准代号
         └─ 团体标准代号
```

（5）企业标准。

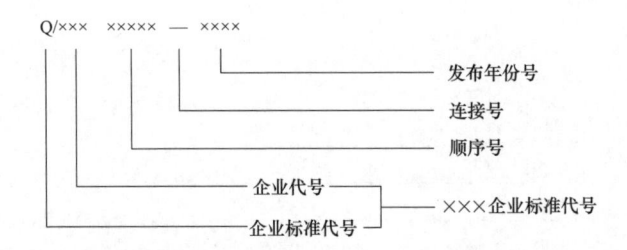

```
Q/×××  ×××××—××××
         │  │  │  │
         │  │  │  └─ 发布年份号
         │  │  └─── 连接号
         │  └────── 顺序号
         ├─ 企业代号 ────── ×××企业标准代号
         └─ 企业标准代号
```

11. 标准代号的含义是什么？

答：通过标准代号，我们可以直观地区分出该标准是国际标准、国家标准、国家标准化指导性技术文件、行业标准、地方标准、团体标准还是企业标准；能了解到该标准是哪个行业的标准，是哪个地方的标准，还能看出该标准是强制性还是推荐性标准等。

标准代号是由汉字的汉语拼音字母组成。国家标准代号是国家标准缩写"国标"的汉语拼音大写首字母"GB"。国家标准化指导性技术文件代号是 GB/Z，Z 是指导性技术文件中"指"的汉语拼音的大写首字母。在标准编号中，我们经常会看到字母"T"，这表明该标准是推荐性标准，T 是"推"的汉语拼音第一个字母大写。例如，GB/T 为推荐性国家标准。

行业标准代号是为相应行业的汉语拼音字母缩写，例如，电力行业标准代号是 DL，各行业标准的代号见表 1-1。我们可以通过表 1-1 的行业标准代号查找相应的行业名称，进一步了解我们看到的标准是属于哪个行业发布的标准。

表 1-1　　　　　　　　各行业标准代号一览表

序号	标准类别	标准代号	行政主管部门	标准组织制定部门
1	安全生产	AQ	国家安全生产管理局	国家安全生产管理局
2	包装	BB	工业和信息化部	中国包装工业总公司
3	船舶	CB	国防科学工业委员会	中国船舶工业总公司
4	测绘	CH	国家测绘局	国家测绘局
5	城镇建设	CJ	住房和城乡建设部	住房和城乡建设部
6	新闻出版	CY	国家新闻出版总署	国家新闻出版总署
7	档案	DA	国家档案局	国家档案局
8	地震	DB	中国地震局	中国地震局
9	电力	DL	国家能源局	中国电力企业联合会
10	地质矿产	DZ	自然资源部	自然资源部
11	核工业	EJ	国防科学工业委员会	中国核工业总公司
12	纺织	FZ	工业和信息化部	中国纺织工业协会
13	公共安全	GA	公安部	公安部
14	供销	GH	中华全国供销合作总社	中华全国供销合作总社
15	国军标	GJB	国防科学工业委员会	国防科工委、中国人民解放军总装备部、总后勤部
16	广播电影电视	GY	国家广播电影电视总局	国家广播电影电视总局
17	航空	HB	国防科学工业委员会	中国航空工业总公司
18	化工	HG	工业和信息化部	中国石油和化学工业协会
19	环境保护	HJ	国家环境保护总局	国家环境保护总局
20	海关	HS	海关总署	海关总署
21	海洋	HY	国家海洋局	国家海洋局
22	机械	JB	工业和信息化部	中国机械工业联合会
23	建材	JC	工业和信息化部	中国建筑材料工业协会
24	建筑工业	JG	住房和城乡建设部	住房和城乡建设部
25	建工行标	JGJ	住房和城乡建设部	住房和城乡建设部
26	金融	JR	中国人民银行	中国人民银行
27	交通	JT	交通部	交通部
28	教育	JY	教育部	教育部

续表

序号	标准类别	标准代号	行政主管部门	标准组织制定部门
29	旅游	LB	国家旅游局	国家旅游局
30	劳动和劳动安全	LD	劳动和社会保障部	劳动和社会保障部
31	粮食	LS	国家粮食局	国家粮食局
32	林业	LY	国家林业局	国家林业局
33	民用航空	MH	中国民航管理总局	中国民航管理总局
34	煤炭	MT	国家能源局	中国煤炭工业协会
35	民政	MZ	民政部	民政部
36	能源	NB	国家能源局	国家能源局
37	农业	NY	农业部	农业部
38	轻工	QB	工业和信息化部	中国轻工业联合会
39	汽车	QC	工业和信息化部	中国机械工业联合会
40	航天	QJ	国防科学工业委员会	中国航天工业总公司
41	气象	QX	中国气象局	中国气象局
42	国内贸易	SB	商务部	商务部
43	水产	SC	农业部	农业部
44	石油化工	SH	国家能源局	中国石油和化学工业协会
45	电子	SJ	工业和信息化部	工业和信息化部
46	水利	SL	水利部	水利部
47	商检	SN	国家质量监督检验检疫总局	国家认证认可监督管理委员会
48	石油天然气	SY	国家能源局	中国石油和化学工业协会
49	海洋石油天然气（10000号以后）	SY	自然资源局	中国海洋石油总公司
50	铁道	TB	铁道部	铁道部
51	土地管理	TD	国土资源部	自然资源部
52	铁道交通	TJ	铁道部	铁道部标准所
53	体育	TY	国家体育总局	国家体育总局
54	物资管理	WB	工业和信息化部	中国物流与采购联合会
55	文化	WH	文化部	文化部
56	兵工民品	WJ	国防科学工业委员会	中国兵器工业总公司
57	外经贸	WM	外经贸	外经贸部科技司
58	卫生	WS	卫生部	卫生部

续表

序号	标准类别	标准代号	行政主管部门	标准组织制定部门
59	文物保护	WW	国家文物局	国家文物局
60	稀土	XB	工业和信息化部	国家发改委稀办公室
61	黑色冶金	YB	工业和信息化部	中国钢铁工业协会
62	烟草	YC	国家烟草专卖局	国家烟草专卖局
63	通信	YD	工业和信息化部	工业和信息化部
64	有色冶金	YS	工业和信息化部	中国有色金属工业协会
65	医药	YY	国家食品药品监督管理局	国家食品药品监督管理局
66	邮政	YZ	国家邮政局	国家邮政局
67	中医药	ZY	国家中医药管理局	国家中医药管理局

地方标准代号是地方标准缩写"地标"的汉语拼音大写首字母"DB",再加上省、自治区、直辖市行政区划代码前两位数,也就是"DB××"。例如,北京市的地方标准代码为DB11,山东省的地方标准代码为DB37,地方标准代码一览表见表1-2。

表1-2　　　　　　　　地方标准代码一览表

名称	代码	名称	代码
北京市	110000	湖南省	430000
天津市	120000	广东省	440000
河北省	130000	广西壮族自治区	450000
山西省	140000	海南省	460000
内蒙古自治区	150000	重庆市	500000
辽宁省	210000	四川省	510000
吉林省	220000	贵州省	520000
黑龙江省	230000	云南省	530000
上海市	310000	西藏自治区	540000
江苏省	320000	陕西省	610000
浙江省	330000	甘肃省	620000
安徽省	340000	青海省	630000
福建省	350000	宁夏回族自治区	640000
江西省	360000	新疆维吾尔自治区	650000

续表

名称	代码	名称	代码
山东省	370000	台湾省	710000
河南省	410000	香港特别行政区	810000
湖北省	420000	澳门特别行政区	820000

团体标准代号是由团体标准标识（大写拉丁字母"T/"表示），再加上社会团体代号组成，也就是"T/×××"。例如，中国电力企业联合会团体标准的代号为 T/CEC，中国标准化协会团体标准的代号为"T/CAS"，社会团体代号由社会团体自主拟定，可使用大写拉丁字母或大写拉丁字母与阿拉伯数字的组合。社会团体代号不得与现有标准代号重复。社会团体的代号一览表见表 1-3。

表 1-3   地方标准代码一览表

社会团体代号	社会团体名称
CAEE	中国电子装备技术开发协会
CAMER	中国机电装备维修与改造技术协会
CAMETA	中国机电一体化技术应用协会
CAQI	中国质量检验协会
CAS	中国标准化协会
CCAA	中国认证认可协会
CEC	中国电力企业联合会
CECA	中国电子元件行业协会
CECC	中国电子商会
CECS	中国工程建设标准化协会
TZCECA-G	中国节能协会
CEEMA	中国电力设备管理协会
CEPPEA	中国电力规划设计协会
CERS	中国能源研究会
CES	中国电工技术学会
CESS	中国人类工效学学会
CET	中国电力技术市场协会
CIATA	中国工业防腐蚀技术协会
CIAPS	中国化学与物理电源行业协会

续表

社会团体代号	社会团体名称
CIMA	中国仪器仪表行业协会
CIS	中国仪器仪表行业协会
CNEA	中国核能行业协会
CPIA	中国光伏行业协会
CPSS	中国电源学会
CRES	中国可再生能源学会
CSEE	中国电机工程学会
CSIQ	中国检验检测学会
TAF	电信终端产业协会
DZJN	中国电子节能技术协会

企业标准代号是由企业标准标识（大写拉丁字母"Q/"表示），再加上企业代号组成，也就是"Q/×××"。企业代号通常是企业根据企业名称特点自行确定的或由企业的管理组织（如集团公司等）给定的。

12. 标准的分部分编号规则有哪些？

答：标准的分部分是一个文件划分出的第一层次，划分出的若干部分共用同一个文件顺序号。部分不应进一步细分为分部分。文件分为部分后，每个部分可以单独编制、修订和发布，并与整体文件遵守同样的起草原则和规则。

部分编号应置于文件编号中的顺序号之后，使用从1开始的阿拉伯数字，并用下脚点与顺序号相隔。例如：

GB/T 14××8.1 低压开关设备和控制设备 第1部分：总则

13. 标准顺序号的意义是什么？

答：在标准编号中标准代号之后就是标准顺序号，例如，GB/T 1、GB/T 1.1、DL/T 800、T/CEC 181、QB 1002等。我国的标准顺序号没有特殊的含义，它不表示任何分类信息。标准和其顺序号之间是一一对应的关系，也就是说，一个标准只有唯一的顺序号。

标准顺序号由标准的发布机构按照标准发布的时间顺序依次分配。因此，一般来说，标准顺序号越小，其首次发布的时间也就越早。目前，我国国家标准已经超过万项，所以，国家标准的顺序号已达到五位数。

14. 什么是标准年号？

答：标准顺序号之后，通过一个连字符连接着一个四位数，就是标准年号。标准的年号表示标准发布的年代，我们如果看到标准 GB/T 1.1—2020，就表示该标准是 2020 年发布的，标准 DL/T 800—2018 就表示该标准是 2018 年发布的。

由于科学技术的发展和创新，经济技术的不断变化，标准也是不断更新的，因此，目前我们看到的标准年号往往不是标准的首次发布时间。例如，GB/T 1.1—2020 其首次发布时间是 1981 年，其后经过 1987 年、1993 年、2000 年、2009 年的四次修订，目前我们看到的是 2020 年的最新标准，当然，如果以后再次修订，GB/T 1.1—2020 也就不是最新的了。

15. 什么是强制性标准？

答：强制性标准又称技术法规或国家强制性标准文件，《中华人民共和国标准化法》第十条明确规定："对保障人身健康和生命财产安全、国家安全、生态环境安全以及满足经济社会管理基本需要的技术要求，应当制定强制性国家标准"。强制性国家标准由国务院批准发布或者授权批准发布，他是以保障人身健康和生命财产安全、国家安全、生态环境安全为制定目的，必须执行的标准。

按照国际惯例，以下五个方面属技术法规（强制性标准）范畴：

国家安全，如 GB 40050—2021《网络关键设备安全通用要求》；

保护人身健康和安全，如 GB 4706.1—2005《家用和类似用途电器的安全 第 1 部分：通用要求》；

保护动植物生命和健康，如 GB 20597—2006《化学品分类、警示标签和警示性说明安全规范性致癌性》；

保护环境，如 GB 3095—2012《环境控制质量标准》。

《中华人民共和国标准化法》第二条明确规定："强制性标准必须执行"。

16. 什么是推荐性标准？

答：按照国际惯例，绝大多数标准是推荐性的，标准的使用者根据其需要自愿执行和遵守标准的约束。虽然标准是自愿性执行的约束性文件，但标准使用者不符合或违反标准所约定的要求时，标准使用者应自己承担其不符合或违反标准所产生的后果。在以下条件下，推荐性标准与强制性标准一样是必须遵守和执行的：

（1）行政部门明确规定做某事必须遵循的标准；

（2）写入合同的标准，与合同执行有关的各方都必须遵守；

（3）在大多数情况下，由于市场竞争和客户从众心理而产生的压力往往迫使企业强制执行某些标准，尽管这些标准可能是推荐性标准或是国家标准化指导性技术文件；

（4）对于企业而言，纳入企业标准体系的标准都应遵守执行。

17. 什么是推荐性国家标准？

推荐性国家标准是由国务院标准化行政主管部门制定。它是为了满足基础通用、支撑强制性国家标准制定和实施等需要而制定的标准。一方面，推荐性国家标准针对跨行业、跨专业需要协调的问题（尤其是全国范围内的基础设施、信息交换、物流衔接等重大互换性、兼容性问题），制定基础通用的技术解决方案，如术语、图形符号、统计方法、分类编号等基础标准，也包括跨行业、跨领域使用的基础件、原材料、设备等产品标准。另一方面，推荐性国家标准提供了强制性国家标准所需要的基础标准和技术标准，用于支撑强制性标准的执行依据。

18. 什么是标准化指导性文件?

答：我国标准化行政主管部门为了适应改革开放和社会经济发展对标准化工作的需求，于1998年在国家标准、行业标准基础之上增加了标准化指导性技术文件（technical guide），作为对国家标准、行业标准的补充。标准化指导性技术文件是为仍处于技术发展过程中技术领域（如发展变化快的某技术领域）的标准化工作提供指南或信息，或者是采用国际标准化组织、国际电工委员会及其他国际组织（包括区域性国际组织）的技术报告，供设计、生产、科研、使用和管理等有关方面的人员参考使用而制定的标准化文件。

标准化指导性技术文件是在其标准代号后用"/Z"（指导）表示，如GB/Z是中国国家标准化指导性技术文件，DL/Z是中国电力行业标准化指导性技术文件。

19. 什么是国际标准?

答：国际标准是指由国际标准化组织或国际标准组织通过并公开发布的标准（GB/T 20000.1—2014　5.3.1）。这些标准在国际上被广泛认可和共同遵循，在我国国际标准化组织是指国际标准化组织（ISO）、国际电工委员会（IEC）、国际电信联盟（ITU），国际标准是指由国际标准化组织确认并公布的其他国际组织制定的标准。

这些标准适用于国际贸易和技术活动的开展。

20. 什么是区域标准?

答：区域标准是指由区域标准化组织或区域标准组织通过并公开发布的标准（见 GB/T 20000.1—2014　5.3.2）。这些标准通常由一个地理区域的国家代表组成的区域标准组织制定并在本区域内统一和使用，是该区域国家间进行贸易的基本准则和基本要求，根据区域标准的技术特性，其应用领域有时也可扩展至非该区域的国家或组织中。

目前比较有影响的区域标准化组织主要有：欧洲标准化委员会（CEN）、欧洲电工标准化委员会（CENELEC）、欧洲电信标准学会（ETSI）、欧洲广播联盟（EBU）、计量与认证委员会（EASC）、太平洋地区标准会议（PASC）、亚洲大洋洲开发系统互联研讨会（AOW）、亚洲电子数据交换理事会（ASEB）、亚洲标准咨询委员会（ASAC）、东盟标准与质量咨询委员会（ACCSQ）、泛美标准委员会（COPANT）、非洲地区标准化组织（ARSO）、阿拉伯标准化与计量组织（ASMO）等。这些组织有的是政府性的，有的是非政府性的，其主要职能是制定、发布和协调该地区的标准。区域标准代号见表1-4。

表1-4　　　　区 域 标 准 代 号

序号	代号	含义	负责机构
1	ARS	非洲地区标准	非洲地区标准化组织（ARSO）
2	ASMO	阿拉伯标准	阿拉伯标准化与计量组织（ASMO）
3	EN	欧洲标准	欧洲标准化委员会（CEN）
4	ETS	欧洲电信标准	欧洲电信标准学会（ETS）
5	PAS	泛美标准	泛美技术标准委员会（COPANT）

21. 什么是国家标准？

答：国家标准是指由国家标准机构通过并公开发布的标准（见GB/T 20000.1—2014 5.3.3），按照国家认定的标准化活动程序，经协商一致制定，由国家标准化管理机构统一管理发布，为全国范围内各种活动或其结果提供规则、指南或特性，共同使用、重复使用的文件。

我国国家标准的编号由标识号：GB（强制性国家标准）或GB/T（推荐性国家标准）、GB/Z（国家标准化指导性技术文件），标准顺序号和标准发布年代号构成。

22. 什么是行业标准？

答：行业标准是指由行业机构通过并公开发布的标准（GB/T 20000.1—

2014 5.3.4)。所谓行业是指为全面、精确、统一统计国民经济活动、由权威部门制定和颁布的产业分类。如电力行业、水利行业、机械行业等。行业内按照确定的标准化活动程序，经协商一致制定，由行业标准化管理机构统一管理发布，为行业范围内各种活动或其结果提供规则、指南或特性，共同使用、重复使用的文件即为行业标准。《中华人民共和国标准化法》第二条中指出：行业标准是推荐性标准。

电力行业标准的标识号为 DL，能源行业标准的标识号为 NB。

23. 什么是地方标准？

答：地方标准是指在国家的某个地区通过并公开发布的标准（GB/T 20000.1—2014 5.3.5)。是为满足地方自然条件、风俗习惯，在农业、工业、服务业以及社会事业等领域的特殊技术要求而制定。

在我国，地方标准由省、自治区、直辖市人民政府标准化行政主管部门制定；设区的市级人民政府标准化行政主管部门根据本行政区域的特殊需要，经所在地省、自治区、直辖市人民政府标准化行政主管部门批准，可以制定本行政区域的地方标准。地方标准由省、自治区、直辖市人民政府标准化行政主管部门报国务院标准化行政主管部门备案，由国务院标准化行政主管部门通报国务院有关行政主管部门。

24. 什么是团体标准？

答：团体标准是指具有法人资格，且具备相应专业技术能力、标准化工作能力和组织管理能力的学会、协会、商会、联合会和产业技术联盟等社会团体按照团体确立的标准制定程序自主制定发布，为团体内各种活动或其结果提供规则、指南或特性，共同使用、重复使用的文件。

团体标准由社会自愿采用。

中国电力企业联合会团体标准的代号为：T/CEC。

25. 什么是技术标准?

答:技术标准是对企业标准化领域中需要协调统一的技术事项所制订的标准。它是根据不同时期的科学技术水平和实践经验,针对具有普遍性和重复出现的技术问题,提出的最佳解决方案。它的对象既可以是物质的(如产品、材料、工具),也可以是非物质的(如概念、程序、方法、符号)。

技术标准的分类方法很多,按其标准化对象特征和作用,可分为基础标准、产品标准、方法标准、安全卫生与环境保护标准等;按其标准化对象在生产流程中的作用,可分为零部件标准、原材料与毛坯标准、工装标准、设备维修保养标准及检查标准等;按标准的强制程度,可分为强制性与推荐性标准;按标准在企业中的适用范围,又可分为公司标准、公用标准和部门标准等。技术标准是从事科研、设计、工艺、检验等技术工作以及商品流通中共同遵守的技术依据,是目前大量存在的、具有重要意义和广泛影响的标准。

26. 技术标准的特点、作用和意义有哪些?

答:技术标准的特点有:

(1)各个企业通过向标准组织提供各自的技术和专利,形成一个个产品的技术标准。

(2)企业产品的生产按照这样的标准来进行。所有的产品通过统一的标准,设备之间可以互联互通,这样可以帮助企业更好的销售产品。

(3)标准组织内的企业可以一定的方式共享彼此的专利技术。

技术标准的作用和意义有:

(1)标准框架的科学性。不同的企业由于其产品种类不同、企业性质不同、技术水平不同、销售渠道不同和所属环境不同,其企业技术标准的框架和内容也会不同,而技术标准的框架结构无疑是衡量一个企业技术水平和产品质量的首要体现。技术标准结构的确立不是简单的技术指标和技术要求的简单罗列,更不是对相关规定的照抄照搬,而是依据企业生产实际对企业生产过程科学合理的标准化描述,是对完成产品各项先进性能的技术性总结。

市场经济下的企业技术标准框架应为今后技术的发展留有余地,并具有良好的可扩充性,保证其各要素之间的相关性、环境条件的统一性、结构的有序性、形态的整体性、内涵的功能性、实施的可控性和明确的目的性,从而发挥技术标准在企业生产实践中的纲领性作用,不至于使先进的技术因杂乱的结构而黯然失色。

(2) 标准内容的先进性。技术标准内容的先进性是指标准所规定的技术指标水平高于现行企业实际水平,并成为企业在一定时期内的奋斗目标和发展方向,通过实施先进的技术标准来促进企业的技术进步。确保企业技术标准水平具有先进性的关键,是企业在制定标准时必须坚持高标准和严要求的原则,将主要技术指标定位在经过企业较大努力后能够达到的水平上,使企业按该标准生产出的产品在一定时期内能够充分满足市场的客观需求。

应当注意的是,必须在经济合理的前提下追求标准的先进性。在确定技术指标时,应当与标准可行性和合理性相统一,否则,一个因要求太高而在企业生产工艺中无法实施的标准只能是一纸空文,失去了其对企业实际生产中应有的指导性。

(3) 标准对用户潜在需求的预知性。虽说我国已经步入市场经济大门多年了,但因长期受计划经济的影响,企业都或多或少地存在忽视用户利益的现象。市场经济下,企业若要真正做到其产品满足用户需求,企业技术标准必须要保证不仅仅能满足用户目前对产品的实际要求,还要考虑到用户潜在的和未来可能的需求。要预知用户隐含的和潜在的需求,在产品开发初期,应详细了解产品销售区域的各项自然条件、用户购买能力和使用要求,准确理解用户对产品明确的要求,分析和确定市场潜在的期望考虑用户之未考虑，并将其列入相应的技术标准草案中。在产品设计阶段，将考虑到的用户需求通过各种设计要素落实到产品中去。确定技术标准时，广泛征求用户意见，力争让尽可能多的用户对自己的产品满意。只有对用户需求进行准确预测和判断，考虑到用户需求可能在未来时期内的变化，才能确保技术标准的适用性。

（4）标准对市场变化的适应性。市场经济条件下，企业技术标准是企业生产力的重要组成部分，企业的核心竞争力必须依靠技术标准来体现。这在客观上就要求企业必须通过对市场需求的不断追踪和分析，制定出适应市场变化并可以促使企业生产出更加物美价廉产品的标准，完成技术标准从以往的生产型向如今的市场型转换，使企业能稳定地占领市场，不致因市场的变化而引起产品质量波动，失去顾客的信誉而丢掉市场，从而保证企业战略目标顺利实现。所以，认真研究市场经济规律，自主地而不是依附于人制定标准，将市场因素融入企业技术标准中，能从根本上摆脱计划经济的束缚，使标准档次再上新台阶，增强产品自身的竞争力。

（5）标准持续改进的灵活性。技术标准一经确定和发布实施，将会在一段时期内相对稳定，但并不是一成不变的。当新技术、新工艺不断引入和完善后，标准所涉及的内容必然将会不同程度地发生变化。这就要求企业的技术标准必须有针对技术更新的灵活性，能够及时修订和不断完善标准内容，使企业产品始终站在先进技术的行列中，不因技术的快速更新丢掉应有的市场份额。市场经济条件下的企业技术标准应当始终处于"适宜—不适宜—适宜"的良性的动态循环中，争取每一次改进都是一次质量和技术的提高，促使企业向更高的技术目标迈进。

27. 什么是管理标准？是怎么分类的？制定管理标准的目的是什么？

答：管理标准是指对企业标准化领域中需要协调统一的管理事项所制定的标准。

管理标准按其对象可分为技术管理标准、生产组织管理标准、经济管理标准、行政管理标准、业务管理标准和工作标准等。

制定管理标准的目的是为合理组织、利用和发展生产力，正确处理生产、交换、分配和消费中的相互关系及科学地行使计划、监督、指挥、调整、控制等行政与管理机构的职能。

28. 管理标准的种类有哪些？

答：管理标准的种类有管理基础标准、管理方法标准、管理工作标准、生产管理标准和生产过程管理标准。

（1）管理基础标准是指在一定范围内以管理活动的共性因素为对象所制定的标准。

（2）管理方法标准是指以管理方法为对象所制定的标准，包括决策方法、计划方法、组织方法、行政管理方法、经济管理方法、法律管理方法等。

（3）管理工作标准是指以管理工作为对象所制定的标准。内容主要包括：

1）工作范围、内容和要求；

2）与相关工作的关系；

3）工作条件；

4）工作人员的职权与必备条件；

5）工作人员的考核、评价及奖惩办法等。

（4）生产管理标准是指以生产管理事项为对象而制定的标准。从广义上来讲，生产管理标准的内容很广，涉及生产管理过程中的各个环节和各个方面。例如，生产经营计划管理、产品设计管理、生产工艺管理、生产组织与劳动管理、定额管理、质量管理、设备管理、物资管理、能源管理和销售管理等。从狭义上来说，生产管理标准仅涉及与产品加工、制造和装配等活动直接相关的生产组织和劳动管理等方面。

(5) 生产过程管理标准是指对生产过程中的管理事项所做的统一规定。一般包括生产计划、工作程序、方法的规程，生产组织方法和程序的规程，生产管理控制方法规程等。

29. 管理标准的作用和意义有哪些?

答：管理标准的作用与意义有：
(1) 建立协调高效的管理秩序；
(2) 有利于管理经验的总结、提高、普及、延续；
(3) 有利于实现依法治企。

30. 什么是岗位标准?

答：对标准化领域中需要协调统一的工作事项所制定的标准，称为岗位标准。它是对工作的范围、责任、权利、程序、要求、效果、检查方法等所做的规定，是按工作岗位制定的有关工作质量的标准。

31. 岗位标准的作用与意义有哪些?

答：岗位标准的作用与意义有：岗位标准是针对各个工作岗位的，针对相应岗位的工作流程和操作规程等指导性文件，可以保证同一岗位有不同人来操作，可以达到相同的结果。技术标准是对产品或者技术，管理标准是对事，岗位标准是对人。

32. 什么是企业标准?

答：企业标准是指由企业通过供该企业使用的标准（见 GB/T 20000.1—2014 5.3.6）。

企业标准是企业为了规范其生产经营管理等活动，在企业范围内需要协调、统一的技术要求、管理要求和工作要求所制定的标准。企业标准由企业的标准管理机构负责制定，由企业法人代表或法人代表授权的主管领导批准、发布，是企业组织生产和经营活动的依据。

企业产品标准的要求不应低于相应的国家标准、行业标准或地方标准的要求。在我国，企业产品标准应在发布后 30 日内向有关标准化管理部门进行备案。

33. 企业标准制定的范围和内容主要有哪些？

答：企业标准制定的范围和内容主要有以下几方面：

（1）没有相应的国家、行业、地方标准，而企业在生产、经营和管理活动中需要的。

（2）为提高产品质量、促进技术进步、增强市场竞争能力，制定严于国家、行业、地方标准的企业"内控"标准。

（3）根据企业生产现状，编制对国家标准、行业标准和地方标准进行必要的选择或补充的企业标准。

（4）企业生产过程中的设计、采购、工艺、工装、半成品、服务等方面的技术标准。

（5）企业生产、经营和管理活动中需要的企业管理标准和岗位标准。

34. 企业标准是强制性的吗？

答：企业标准是非强制性的。企业的员工执行企业标准不是国家法律、法规的要求，是企业与员工签订的劳动合同的要求。根据《中华人民共和国劳动法》规定，企业招聘员工后，首先要签订劳动合同，而劳动合同中就规定员工有遵守企业规章、制度的义务。所以企业员工执行企业标准是员工履行劳动合同的义务，不是法律规定的义务。另外，企业标准是企业发布的，不是国家立法机构通过发布的，因此，企业标准不是强制性的。但是，也有一种说法，企业标准在企业内部是强制性的。

35. 对于标准中的条款，"一定要执行"与"强制性条款"的关系是什么？

答：人们常常把强制性条款和"一定要执行"画等号，认为强制性条款是一定要执行的，反之，一定要执行的就是强制性条款。这是计划经济时代作为技术法规使用的后果。

我国加入WTO以后，根据国际上的习惯，强制性条款是一定要执行的，但是一定要执行的不一定就是强制性条款。因为合同规定的条款也是一定要执行的，而合同约定的条款是双方自愿的。谁违反合同，只要按照合同规定支付对方违约金就算了结了。而违反法律、法规的条款，轻者会受到行政处罚，重者可能会受到法律制裁。

所以，"一定要执行"是一种表面现象，是不是强制性的要区分它为什么"一定要执行"：是法律、法规的要求还是合同的要求。

法律、法规的要求是"一定要执行"的，强制性的。因为，在行政管辖区域内，当地的法律、法规是强制性的，不管你知道还是不知道，愿意还是不愿意，都是必须要执行的。

36. 怎样理解标准的公开程度？

答：标准的公开程度可分为可公开获得标准和其他标准两大类，可公开获得的标准包括国际标准、国家标准、行业标准、地方标准、团体标准等，这些标准的使用者只需按照相应付费规则，即可获得相应标准文本，也可以通过在线手段在网页上浏览；其他标准指除可公开获得标准之外的标准，如企业标准、公司标准或集团标准等，这些标准的获得并不是使用者想买就买得到的，往往是不能轻易得到的，因此，不是谁都可以使用的。

37. 被替代的标准还可以使用吗？

答：一般情况，标准被代替后就不能执行了，应执行新版本标准。但这不是判断标准废止的依据，之所以说代替不是说废止，是因为有了新版本，新版本代替旧版本的内容；新旧版本之间的区分可能是年代号的改变，也可能是标准号或年代号的改变，还有少数情况下连标准号和年代号都改变；通常，只有单独发布公告，宣布某些标准废止，采用"废止"一词，有新版本代替的都说"代替"或"被代替"。一个标准是不是现行有效的，不能从被替代去判断和猜测。正确的做法是查有效的目录，或登录标准发布机构的网站，凡是在有效目录或标准发布机构网站中列出的有效标准，无论发布时间长短，都是现行有效的标准，可以正常使用的。

38. 什么是采用国际标准？

答：采用国际标准就是将国际标准的内容，经分析研究及试验验证，等同或者修改转化为我国标准（包含国家标准、行业标准、地方标准、团体标准、企业标准），并且按照我国标准审批发布程序审批发布。

39. 采用国际标准应遵守什么原则？

答：《采用国际标准管理办法》中规定了采用国际标准的原则：

（1）采用国际标准，应当符合中国有关法律、法规，遵循国际惯例，做到技术先进、经济合理、安全可靠。

（2）制定（包括修订，下同）中国标准应当以相应国际标准（包括即将制定完成的国际标准）为基础。

（3）采用国际标准时，应当尽可能等同采用国际标准。由于基本气候、地理因素或者基本的技术问题等原因对国际标准进行修改时，应当将与国际标准的差异控制在合理的、必要的并且是最小的范围之内。

（4）制定一个国家标准应当尽可能采用一个国际标准，必须采用几个国际标准时，应当说明该标准与所采用的国际标准的对应关系。

（5）采用国际标准制定中国标准，应当尽可能与相应国际标准的制定同步，并可以采用标准制定的快速程序。

（6）采用国际标准，应当同中国的技术引进、企业的技术改造、新产品开发、老产品改进相结合。

（7）采用国际标准的中国标准的制定、审批、编号、发布、出版、组织实施和监督，同中国其他标准一样，按中国有关法律、法规和规章规定执行。

（8）企业为了提高产品质量和技术水平，提高产品在国际市场上的竞争力，对于贸易需要的产品标准，如果没有相应的国际标准或者国际标准不适用时，可以采用国外先进标准。

40. 采用国际标准的方式有哪些？

答：采用国际标准有以下一些方式：

（1）等同采用（identical，IDT）。国家标准等同于国际标准，仅有或没有编辑性修改。编辑性修改，根据 ISO/IEC 导则 21 的定义，是指不改变标准技术的内容的修改。如纠正排版或印刷错误；标点符号的改变；增加不改变技术内容的说明、指示等。可见，等同采用就是指国家标准与国际标准相同，不做或稍做编辑性修改。

（2）等效采用（equivalent，EQV）。国家标准等效于国际标准，技术上只有很小差异。可见，等效采用就是技术内容上有小的差异、编辑上不完全相同。

所谓技术上的很小的差异，ISO/IEC 导则 21 中定义为：国家标准与国际标准之间的小的技术差异是指，一种技术上的差异在国家标准中不得不用，而在国际标准中也可被接受，反之亦然。

（3）非等效采用（not equivalent，NEQ）。国家标准不等效于国际标准，这是 ISO/IEC 导则 21 中规定的第三种等效程度。非等效采用时，国家标准与国际标准在技术上有重大差异。在 ISO/IEC 导则 21 中指出，国家标准与国际标准间的重大差异，指国家标准中有国际标准不能接受的条款，或者国际标准中有国家标准不能接受的条款。导则中同时指出，在技术上有重大差异的情况下，虽然国家标准制定时是以国际标准为基础，并在很大程度上与国际标准相适应，但不能使用"等效"这个术语。在 ISO/IEC 导则 21 的补充件《国家标准与国际标准之间等效程度的标记》中指出，包括以下 3 种情况：

一是"国家标准包含的内容比国际标准少"，国家标准较国际要求低或选国际标准部分内容。国家标准与国际标准之间没有互相接受条款的"逆定理"情况。

二是国家标准包含的内容比国际标准多，国家标准增加了内容或类型，且具有较高要求等。也没有"逆定理"情况。

三是国家标准与国际标准有重叠，部分内容是完全相同或技术相同，但在其他内容上却互不包括对方的内容。

（4）修改采用（modified，MOD）。指与国际标准之间存在技术性差异，并清楚地标明这些差异并解释其产生的原因，允许包含编辑性修改。修改采用不包括只保留国际标准中少量或者不重要的条款情况。修改采用时，我国标准与国际标准在文本结构上应当对应，只有在不影响与国际标准的内容和文本结构进行比较情况下才允许改变文本结构。修改采用是采用国际标准的基本方法之一。

41. 世界标准日是哪天？其来历是什么？

答：每年 10 月 14 日是世界标准日，是国际标准化组织（ISO）成立纪念日。1946 年 10 月 14 日，来自 25 个国家的代表会聚伦敦开会并决定创建一个"旨在促进工业标准的国际协调和统一"的新的国际组织——ISO（ISO 于 1947 年正式开始运作）。

1946 年 10 月 14 日至 26 日，中国、英国、美国、法国、苏联等共 25 个国家的 64 名代表集会于伦敦，正式表决通过建立国际标准化组织。1947 年 2 月 23 日，ISO 国际标准化组织宣告正式成立。1969 年 9 月 ISO 理事会发布的第 1969/59 号决议，决定把每年的 10 月 14 日定为世界标准日。1970 年 10 月 14 日举行了第一届世界范围的庆祝世界标准日的活动。

此后，每年的 10 月 14 日，就成为世界各国标准化工作者开展宣传标准化，举行纪念活动的盛大节日。

从第 17 届起，世界标准日祝词开始赋予了主题，以突出当年世界标准日的宣传重点。在第 23 届世界标准日以前，均是由 ISO 和 IEC 主席联合发出祝词，从第 24 届开始，国际电信联盟（ITU）也参加了世界标准日的纪念活动，由 ISO 和 IEC 主席及 ITU 秘书长联合发出祝词。

世界标准日的目的是提高对国际标准化在世界经济活动中重要性的认识，以促进国际标准化工作适应世界范围内的商业、工业、政府和消费者的需要。这个国际节日是献给全世界成千上万从事标准化工作志愿者的礼物。

中国自从 1978 年重新进入 ISO 以后，每年的 10 月 14 日世界标准日，全国各大、中城市都要举办各种形式的报告会、座谈会、纪念会，紧密结合当年 ISO 的世界标准日的宣传主题，广泛宣传标准化活动在人类社会发展中的重要作用，提高人们的标准化意识。

42. 什么是标准化？标准化的目的是什么？

答：国际标准化组织（ISO）对标准化（standardization）的定义是：为了在一定范围内获得最佳秩序，对现实的或潜在的问题制定共同的、重复使用的规则的活动。

注意：（1）上述活动主要包括编制、发布和实施标准的过程。

（2）标准化主要作用在于为了其预期的改进产品、过程或服务的适用性，防止贸易壁垒，并促进技术合作。

GB/T 20000.1—2014 第 3.1 条给出的标准化的定义如下：为了在既定范围内获得最佳秩序，促进共同效益，对现实问题或潜在问题确立共同使用和重复使用的条款以及编制、发布和应用文件的活动。

注意：（1）标准化活动确立的条款，可形成标准化文件，包括标准和其他标准化文件。

(2) 标准化的主要效益在于为了产品、过程或服务的预期目的改进它们的适用性，促进贸易、交流以及技术合作。

通过上述定义可知标准化是一项活动，是编制、发布和实施标准的系统过程，标准是标准化这一活动所产生的"产品"。

从标准化的定义可以看出，标准化的总体目的是"在既定范围内获得最佳秩序""促进共同效益"。但在对具体标准化对象制定标准时，各自目的往往是不相同的。

一般来说，针对具体的标准化对象，标准化目的通常有：品种控制、适用性、兼容性、互换性、安全性、环境保护、产品防护等。

注意：(1) 品种控制指为满足主导需求，对产品、过程或服务的规格或类型数量的最佳选择。

(2) 适用性指产品、过程或服务在具体条件下适合规定用途的能力。

(3) 兼容性指诸多产品、过程或服务在特定条件下一起使用时，各自满足相应要求，彼此间不引起不可接受的相互干扰的适应能力。

(4) 互换性指某一产品、过程或服务能用来代替另一产品、过程或服务并满足同样要求的能力。

(5) 安全性指免除了不可接受伤害风险的状态。标准化考虑产品、过程或服务的安全时，通常是为了获得包括诸如人类行为等非技术因素在内的若干因素的最佳平衡，将伤害人员和物品的可避免风险消除到可接受的程度。

(6) 环境保护指使环境免受产品的使用、过程的操作或服务的提供所造成的不可接受的损害。

(7) 产品防护指使产品在使用、运输或贮存过程中免受气候或其他不利条件造成的损害。

43. 标准化的三要素是什么？

答：标准化三要素即是指制定标准、执行标准和监测标准，这三个要素共同构成了标准化的全过程。

（1）制定标准。是指通过专家委员会、行业协会或国家标准机构等组织，制定适用于特定领域或行业的规范文件。这些规范性文件包括技术要求、测试方法、标识和命名规则等。制定标准要考虑各种因素，如安全性、可靠性和可操作性等。制定标准的过程通常需要广泛的专业知识和经验，并征求相关利益方的意见和参与。

（2）执行标准。是指将制定的标准应用于实际生产、服务或其他活动中。执行标准需要从产品设计、制造过程、服务流程等方面确保符合标准的要求。这就需要建立适当的质量管理体系、工作程序和培训机制，以确保标准的正确实施。执行标准还需要对过程和结果进行监督和检查，以确保其符合标准的要求。同时，执行标准还需要及时纠正和改进，以提高产品和服务质量水平。

（3）监测标准。是指对标准实施情况进行监测和评估，以确保标准的有效性和适用性。监测标准可以包括定期检查、抽样测试、自我评估和审核等方法。监测标准的目的是发现和纠正标准实施中的问题，确保标准持续符合行业和市场的要求。监测标准还可以通过收集和分析数据来评估标准的效果，并为标准的修订和改进提供依据。

44. 标准化的原理有哪些？

答： 现在被世界标准化界广泛接受的是标准化专家李春田教授提出的标准化四原理，即简化、统一、协调、优化原理，它既是标准化活动客观存在的规律性法则，又是指导企业标准化实践活动的依据，这一原理由于其准确、概括、精炼、易记而得到广泛认同。

标准化的四个基本原理都不是孤立存在和起作用，它们之间不仅密切关联，而且在企业标准化实践中相互渗透，相互依存，结合成一个有机的整体，综合反映企业标准的客观规律，在企业标准化活动中起着重要的指导作用。

企业标准化的四项基本原理简而言之：

简化原理是在一定范围内，精简标准化对象（事物或概念）的类型数量至相对合理的程度，以此来满足社会一般需求的一种标准化形式。如对产品规格的简化、对工艺过程的简化等。

统一原理是把同类事物两种以上的表现形式归并为一种，或限定在一个范围内的标准化形式。统一化的实质是使对象的形式、功能（效用）或其他技术特征具有一致性。并把这种一致性通过标准确定下来。如对符号、图形、单位的统一规定等。

协调原理是针对标准及标准体系与各相关方面必须保持协调一致而言的。具体讲，标准及标准体系与政策法规、标准体系与子体系、子体系之间、标准体系与标准、标准与标准之间都必须保持协调一致，不能发生抵触现象，执行协调原理的目的在于最大限度发挥标准体系的整体功能。体系内部协调一致，体系与外部约束条件相适应，是标准体系发挥整体功能的前提条件。

优化原理是按照特定的目标，在一定限制条件下，对标准系统的构成因素及其相互关系进行选择、设计或调整，使之达到最理想的效果。

企业标准化活动中始终贯穿了"最优化"意识，也就是依据企业确定的方针目标，在一定的条件下，对企业标准体系构成要素及其相互关系进行优化选择，使企业标准体系的实施达到最佳效果。

45. 简化的目的、作用和应遵循的原则有哪些？

答：简化的目的：通过简化，消除低功能和不必要的类型，使产品系统的结构更加精炼、合理。这不仅可以提高产品系统功能，而且还为新的更必要类型的出现，为多样化的合理发展扫清障碍。

简化的作用：简化是社会化生产和生活中不可缺少一种标准化方法，它是协调人类个性发展和社会化共性活动的有力措施。这是因为：

（1）简化是社会发展的客观需要。人类个性活动决定了事物和概念的多样性发展的普遍规律，特别是随着科学、技术的发展和市场竞争及顾客的需求，使社会产品的品种急剧增加，而社会化的生产日益专业化和协作化，则要求对产品品种、类型和规格的多样性加以限制，这是生产和需求之间永恒的矛盾。简化原则就是在解决这一矛盾的统一中产生并逐步上升为理论的。

（2）简化有利于进一步促进必要的多样化的发展。科学合理的简化既可控制产品品种、类型和规格的盲目膨胀，又为新的更为需要的品种、规格的出现创造条件，这是由于简化为科学规划打下了基础，从而促进必要的多样化，最终达到更好地满足广大人群需要的目的。

（3）商品的不公平竞争是多样性泛滥的原因。多余的、重复的和低功能的大量积压，是社会生产力的严重浪费。只要产品非标准生产存在，恶性竞争存在，社会产品类型就可能盲目膨胀。简化原则就是社会自我控制、自我调节的有效手段。

（4）每个自然人都因为目的需求和偏好客观存在个性化对产品需求和期望，但无法对人的个性化的产品组织社会化规模生产，为了发展和提高社会生产效率，通过对个性多样化产品进行合理简化，以便于社会化大规模生产，这是社会生产力发展的客观需要。

简化应遵循的原则：简化时必须把握两个界限，即简化的必要性和合理性。

合理科学的简化并不是任意地缩减数量，它只是去掉事物和概念中多余的、重复的、可替代的和低功能的环节，使事物和概念趋于优化，便于统一规范。在简化过程中，必须考虑在多大程度上和怎样有效地减少类型数目。只有事物和概念多样化的发展超出了人们需要的范围，给规范化管理造成了麻烦，才允许合理简化。简化后的类型数目必须满足人们需求和期望。

46. 统一的目的、作用和应遵循的原则有哪些？

答：统一的目的是确立一致性，即消除由于不必要的多样化而造成的混乱，为人类型正常活动建立共同遵守的秩序。

统一的作用是为了保证事物发展所必需的秩序和效率，对事物的形成、功能或其他特性，确定适合于一定时期和一定条件的一致规范，并使这种一致规范与被取代的对象在功能上达到等效。

统一必须遵循适时、适度和等效的原则：

（1）适时原则。统一化是事物和概念发展到一定规模、一定水平时，人为地进行干预的一种标准化形式。干预的时机是否恰当，对事物和概念未来发展影响很大。把握好统一的时机，是搞好统一化的关键，也是统一化的一条原则。

所谓"适时"就是指出台统一规定的时机要选准，既不能过早，也不能过迟。如果统一过早，特别是现有的类型并不理想，而新的更优秀的更适宜的类型还正在酝酿过程中，这时进行统一，就有可能使低劣的类型合法化，不利于优化的类型产生；如果统一过程滞后，大量重复的，低功能的类型已泛滥时再进行统一，虽然可以选择出较合适的类型，但在淘汰低劣类型的过程中必然造成较大的经济损失，大大增加统一的难度。因此，统一的时机是否适当，不仅有利于新技术的发展，而且可以促进企业标准化工作的开展。

（2）适度原则，即统一要适度。"度"就是在一定质的规定下所具有一定量的值，度是量的界限。所谓适度，就是要合理地确定统一化的范围和指标水平。例如，在对产品进行统一化时，不仅要对哪些方面必须统一，哪些方面不做统一，哪些方面要在全国范围统一，哪些只在区域统一，哪些统一要严格，哪些统一要留有余地等，而且必须恰当地规定每项要求的数量界限。

（3）等效原则。任何统一化不可能是任意的，统一是有条件的，首要的前提条件是等效性。所谓等效，是指把同类事物两种以上的表现形态归并为一种（或限定在一个特定的范围）时，被确定的一致性与被取代的事物和概念之间必须具有功能上的可替代性。也就是说，当众多的标准化对象中确定一种而淘汰其余时，被确定的对象所具备的功能应包含被淘汰对象所具备的功能。

47. 协调的目的和作用分别是什么？

答：协调的目的：协调是针对标准体系而言的，通过协调，使标准体系的整体功能达到最佳并产生实际效果。

协调的作用：通过协调，使企业标准体系的技术标准、管理标准以及岗位标准体系，各项标准间的相互关系保持协调一致；以标准为平台，协调企业的各层次、各部门、各专业、各个环节之间的技术关联，解决各相关方的连接和配合的科学性、合理性，使得标准在一定时期内保持相对平衡和稳定。

48. 优化的目的和作用分别是什么？

答：优化的目的：按照特定的目标，在一定限制条件下，对企业标准体系的构成因素及其相互关系进行选择，使之达到最理想的效果。

优化的作用：使企业标准体系的技术标准、管理标准以及岗位标准体系，各项标准都符合企业实际，具有可操作性。

49. 什么是戴明（PDCA）管理模式？

答：全面质量管理的基本工作方法是 PDCA 循环的方法。这个方法是由美国质量管理专家戴明（W. E. Deming）首先提出并运用到质量管理工作上的，所以又称戴明循环，我们有时称之为戴明（PDCA）管理模式。

（1）PDCA 循环的内容。PDCA 循环包括四个阶段八个步骤。它的含义是，进行质量管理工作必须按照这四个阶段八个步骤去做。

1）四个阶段：即策划（Planning）、实施（Do）、检查（Check）、处置或改进（Action）。第一阶段是策划阶段，即 P 阶段。通过调查、设计、试验、制订技术经济指标、质量目标、管理目标以及达到这些目标的具体措施和方法。第二阶段是实施阶段，即 D 阶段。要按照所制订的计划和措施去付诸实施。第三阶段是检查阶段，即 C 阶段。要对照计划，检查执行情况和效果，及时发现计划实施过程中的经验和问题。第四阶段是处置或改进阶段，即 A 阶段。要根据检查的结果采取措施，把成功的经验加以肯定，形成标准；对于失败的教训，也要认真地总结，以防日后再出现。对于一次循环中解决不好或者还没有解决的问题，要转到下一个 PDCA 循环中去继续解决。PDCA 循环，像一个车轮，不停地向前转动，同时不断地解决工作中存在的各种问题，从而使工作效率不断得到提高。

2) 八个步骤：是四个阶段中主要内容的具体化。第一步，调查现状；第二步，分析原因；第三步，找出主要原因；第四步，制订计划和活动措施；以上四个步骤是策划（P）阶段的具体化，第五步，即实施（D）阶段，按预定的计划认真执行；第六步，即检查（C）阶段，调查了解采取对策后的实际效果；第七步，根据检查的结果进行总结；第八步，是把本次循环没有解决的遗留问题，转入下一次 PDCA 循环中去。以上第七、第八两步是处理（A）阶段的具体化。

(2) 坚持运用 PDCA 循环进行工作。PDCA 循环的四个阶段，体现着科学认识论的一种具有管理手段和一套科学的工作程序。它不仅在质量管理工作中可以运用，同样也适合于标准化管理工作。在 GB/T 15496—2017《企业标准体系　要求》中所给出的管理体系模式，都采用了"策划—实施—检查—改进"的 PDCA 循环的管理模式，可见这一模式应用的广泛性、实用性和有效性。

特别需要强调指出，在 GB/T 15496—2017《企业标准体系　要求》标准中，引言介绍了过程方法，加了一个"注1"，注1的解释是：企业标准体系的 PDCA 循环是指：

P——根据相关方需求及期望、外部环境及企业战略需要，进行企业标准体系的设计与构建；

D——运行企业标准体系；

C——根据目标及要求，对标准体系的运行情况进行检查、测量和评价，并报告结果；

A——必要时，对企业标准体系进行优化甚至创新，以改进实施绩效。

企业在实施质量、环境、安全等方面的标准过程中，通过遵循PDCA理念和方法，建立完善的标准体系，企业可以实现系统性的管理和持续改进，提高产品质量和服务的质量，增强竞争力，提高企业的可持续发展能力。

50. 质量管理与标准化管理的关系是什么？

答：标准化包括制定、发布和执行标准的全过程。按照PDCA戴明的管理模式，以文件化的方式进行管理，以预防为主，全过程控制，持续改进的理念，实现了企业的管理循环。要求各企业根据PDCA周期进行评估，完成系统所需的"计划、实施、运行、检查和纠正、管理审核"。

质量管理是指对企业的组织协调进行指导和控制。一般包括质量政策和质量目标的制订和质量计划、质量控制、质量保证和质量提高。标准化和全面质量管理是两个基本的管理，两者是紧密联系、互相支撑的。如果没有标准，就没有质量管理基础，质量管理工作就不能开展。没有质量管理，就无法在执行中得到可靠的保障与监控。企业要推动标准化，以推动标准为中心，以技术标准、管理标准、岗位标准为主要内容，以内部的联系为基础，形成企业标准体系。严格按照标准进行生产，以保证产品的稳定性和质量。

ISO 9001：2015是一种现代化的质量管理模式。在整个质量形成的过程中，本规范对各种技术、管理、人员等提出了管理要求。企业的质量管理体系是建立在执行管理规范的基础上的。制定质量方针、质量目标、作业指导书、质量控制系统文件等，以达到质量管理目标。企业要按照质量管理规范的要求，建立起符合质量管理要求的质量管理标准（制度）。最后，按照产品的标准来评估产品的质量。在产品的制造与确认中，也必须建立在技术规范的基础上。

一个完整的标准体系包括标准体系结构图、标准明细表、标准统计表和标准体系表编制说明，作为质量管理体系的支撑文件。质量管理体系的程序文件是标准体系中的管理规范。所以，质量管理体系的文件也是根据标准规范来编制的。质量标准的建立与运行，是对产品与质量标准的制定、实施、验证、修订的过程。各种科学管理制度的建立，都离不开规范化。

51. 中国加入 WTO 时，关于标准化方面的主要承诺是什么？

答： 我国在《中国加入 WTO 的工作组报告书》中对于遵守 WTO/TBT 协议已有承诺。在标准化方面的主要承诺是：

（1）自加入之日起，将公布关于已采用和拟议的技术法规、标准和合格评定程序的通知，以及载有这一信息的出版物。

（2）建立内部机制，不断地将 GATT 1994 和 TBT 协议的权利和义务向政府部门和各部委（国家和地方）以及私营部门进行通知和咨询。

（3）技术法规和标准的制修订程序将提供各成员公开咨询和提出意见的机会。按照 TBT 协议和 TBT 委员会通过的相关决定和建议，设定允许公众对拟议中的技术法规、标准和合格评定程序提出的最低时限。

（4）接受 TBT 协议附件《标准的良好行为规范》。积极参加国际标准的制定，定期复审现有标准，使之酌情与相关国际标准相协调。

（5）按照 TBT 协议规定的"技术法规"和"标准"的定义使用这两个术语。

（6）将积极采用国际标准作为技术法规的基础。

（7）将确定获得授权可以批准发布技术法规和合格评定程序的中央政府以下的各级地方机构和非政府机构，并提供清单。

二、体制机制建设

1. 标准的发布机构、制定及流程有哪些？

答：按照国际和我国对标准的定义，标准是由公认机构批准发布的。国家标准由国家市场监督管理总局和国家标准管理委员会联合发布；行业标准由国务院有关部委发布；地方标准由各地方标准化主管部门发布；团体标准由团体按照团体确立的标准制定程序自主制定发布；企业标准由各企业发布。

按照分级管理原则，国家标准由国务院标准化行政主管部门统一管理。其制定和发布流程如下：

（1）国务院标准化行政主管部门统一国家标准的制定工作，负责强制性国家标准的立项、编号、对外通报和依据授权批准发布。

（2）国务院有关行政主管部门编制计划，组织草拟行业标准，统一审批、编号、发布，并报国务院标准化行政主管部门备案。

（3）省、自治区、直辖市人民政府标准化行政主管部门编制计划，组织草拟地方标准，统一审批、编号、发布，并报国务院标准化行政主管部门备案。

（4）企业标准由企业组织制定、经企业负责人批准发布，企业产品标准须报当地政府标准化行政主管部门和有关行政主管部门备案。

2. 国家标准化管理委员会对标准化行政管理有哪些职能？

答：国家市场监督管理总局对外保留国家标准化管理委员会牌子，是国务院标准化行政管理机构，统一管理全国标准化工作。以国家标准化管理委员会名义，具体负责：

（1）下达国家标准计划；

（2）批准发布国家标准；

（3）审议并发布标准化政策、管理制度、规划、公告等重要文件；

（4）开展强制性国家标准对外通报；

（5）协调、指导和监督行业、地方、团体、企业标准工作；

（6）代表国家参加国际标准化组织、国际电工委员会和其他国际或区域性标准化组织；

（7）承担有关国际合作协议签署工作；

（8）承担国务院标准化协调机制日常工作。

3. 国务院有关行政主管部门有哪些标准化职责？

答：国务院有关行政主管部门分工管理本部门、本行业的标准化工作。行业标准由国务院有关行政主管部门编制计划，组织草拟，统一审批、编号、发布，并报国务院标准化行政主管部门备案。

国务院有关行政主管部门的主要职责是：

（1）贯彻标准化工作的法律、法规、方针、政策，并制定本部门的实施办法；

（2）承担国家下达的草拟国家标准的任务并组织制定行业标准；

（3）制定本部门、本行业的标准化工作规划、计划；

（4）指导省、自治区、直辖市有关行政主管部门的标准化工作；

（5）组织本部门、本行业实施标准；

（6）对标准实施进行监督检查，根据国务院标准化行政主管部门的授权，分工管理本行业的产品质量认证工作。

4. 住房和城乡建设部对标准化行政管理有哪些职能？

答：住房和城乡建设部是国务院授权履行工程建设领域标准化行政管理职能，统一管理全国工程建设标准化工作，由住房和城乡建设部设标准定额司负责具体日常工作，该司的主要职责如下：

（1）组织拟订工程建设国家标准、全国统一定额、建设项目评价方法、经济参数和建设标准、建设工期定额、公共服务设施（不含通信设施）建设标准；

（2）拟订工程造价管理的规章制度；

（3）拟订部管行业工程标准、经济定额和产品标准，指导产品质量认证工作；

（4）指导监督各类工程建设标准定额的实施；

（5）拟订工程造价咨询单位的资质标准并监督执行。

电力（国家、行业）标准中工程建设领域的标准约占电力标准总量的30%，这其中包括规划、勘测、设计、施工、工程验评以及部分安装标准，是电力标准的重要组成部分。

5. 国家能源局对标准化行政管理有哪些职能？

答：国家能源局是国务院授权履行能源行业标准化行政管理职能，负责能源领域行业标准的归口管理机构。具体工作由能源节约和科技装备司负责日常工作。该司主要负责：指导能源行业节能和资源综合利用工作，承担科技进步和装备相关工作，组织拟订能源行业标准（煤炭除外）。其中标准化工作涉及的领域包括：

（1）石油；

（2）天然气、页岩气；

（3）煤炭；

（4）煤层气/煤矿瓦斯；

（5）电力（常规电力）；

（6）炼油、煤制燃料和生物质燃料；

（7）核电；

（8）新能源和可再生能源；

（9）能源节约与资源综合利用；

（10）能源装备。

6. 地方标准化行政主管部门有哪些标准化职责？

答：省、自治区、直辖市标准化行政主管部门统一管理本行政区域的标准化工作。地方标准由省、自治区、直辖市人民政府标准化行政主管部门编制计划，组织草拟，统一审批、编号、发布并报国务院标准化行政主管部门备案。

地方标准化行政主管部门的主要职责是：

（1）贯彻国家标准化工作的法律、法规、方针、政策，并制定本行政区内的具体办法；

（2）制定地方标准化工作的规划、计划，并组织制定地方标准；

（3）指导本行政区内有关行政主管部门的标准化工作，并协调处理标准化工作的有关问题。

7. 中国电力企业联合会有哪些标准化职责？

答：中国电力企业联合会（简称中电联）于1988年由国务院批准成立，是全国电力行业企事业单位的联合组织、非营利的社会团体法人，受政府委托，是电力行业标准化管理机构之一，也是中国电力企业联合会团体标准化工作的管理机构。主要工作内容包括：

（1）组织编制电力标准体系，提出电力国家标准计划项目建议，组织编制电力行业标准规划和年度制定、修订计划；

（2）负责电力行业专业标准化技术委员会的组建、换届和调整工作，组织、指导电力行业标准化技术委员会的工作；

（3）负责国际电工委员会（IEC）相关技术委员会（TC）中国业务的归口工作，组织参加国际标准化活动，推动电力行业采用国际标准和国外先进标准；

（4）审核全国标准化技术委员会和电力行业标准化技术委员会拟订的电力国家标准和行业标准；

（5）负责组织或授权专业标准化技术委员会选派专家代表电力行业参加其他行业有关国家标准的起草和审查工作；

（6）管理电力标准化经费；

（7）组织电力行业标准化服务工作，组织电力行业标准出版工作，归口管理标准成果，标准成果申报；

（8）组织中国电力企业联合会团体标准的制修订、审查、编号、发布、备案工作，组建中电联团体标准化技术委员会并对其进行管理，开展团体标准试点；

（9）受有关政府委托，具体负责电力行业标准的编号；

（10）受有关政府部门的委托，具有指导电力专业标委会的职责。包括：

1）组织实施标委会管理相关的政策和制度；

2）规划电力标委会整体建设和布局；

3）协调（批复）电力标委会的组建、换届、调整、撤销、注销等事项；

4）组织电力标委会相关人员的培训；

5）监督检查标委会的工作，组织对标委会的考核评估；

6）其他与标委会管理有关的职责。

（11）指导电力企业标准化工作，办理中电联理事长单位的电力企业标准的备案；负责电力企业"标准化良好行为企业"试点及确认工作的开展；

（12）承办中华人民共和国国家标准化管理委员会、住房和城乡建设部、国家能源局等政府委托的其他标准化工作。

8. 什么是专业标准化技术委员会？

答：《全国专业标准化技术委员会管理办法》第二条明确，"技术委员会是在一定专业领域内，从事国家标准起草和技术审查等标准化工作的非法人技术组织。"专业标准化技术委员会是一个统称，是专业标准化技术委员会（TC）、专业分技术委员会（SC）和专业标准化工作组（SWG）的总称。自1979年第一个全国专业标准化技术委员会TC1（全国电压电流等级和频率标准化技术委员会）成立以来，经过40余年的发展，我国已形成由专业标准化技术委员会（TC）、专业分技术委员会（SC）和专业标准化工作组（SWG）构成的标委会体系。电力专业标准化技术委员会有全国、行业和中电联团体专业标准化技术委员会等的区分，是由于实际工作需求，由不同的机构批复组建而成的，目的是在某一专业技术领域更好更系统地开展标准化工作。

9. 专业标准化技术委员会的主要工作内容有哪些？

答：专业标准化技术委员会的主要工作内容包括：
（1）研究本专业技术领域标准化发展现状与趋势；
（2）研究编制本专业技术领域标准体系，根据需求，提出本专业领域制修订标准项目建议；
（3）开展标准的起草、征求意见、技术审查、复审及标准外文版的组织翻译和审查工作；
（4）开展本专业领域标准的宣贯和培训工作；
（5）开展标准实施情况的跟踪、评估、研究分析；
（6）组织开展本领域国内外标准一致性比对分析，跟踪、研究相关领域国际标准化的发展趋势和工作动态；
（7）管理下设的分技术委员会；
（8）承担国家、行业部署的标准化工作等。

10. 专业标准化技术委员会的构成及职责有哪些？

答：专业标准化技术委员会（简称标委会）由委员构成，其委员的组成根据标委会所涉及的专业技术领域不同而有所区别，通常由与该技术领域有关公共利益相关方的专业人员组成，委员应有中级及以上专业技术职称。通常，一个标委会（TC）的委员人数不应少于25人，分标委会（SC）的委员人数不少于15人。标委会设主任委员和秘书长各1人，副主任委员和副秘书长若干（原则上不多于5）人。同一单位在同一技术委员会任职的委员不得超过3人。主任委员和副主任委员、秘书长和副秘书长不得来自同一单位。同一人不得同时在3个以上技术委员会担任委员。

标委会主任委员负责标委会全面工作,工作中应当保持公平公正立场。主任委员负责签发会议决议、标准报批文件等标委会重要文件,也可以根据工作需要委托副主任委员签发标准报批文件等重要文件。副主任委员负责协助主任委员开展工作。受主任委员委托,可以签发标准报批文件等技术委员会重要文件。秘书长负责技术委员会秘书处日常工作,秘书长的具体职责由本标委会章程予以规定,秘书长应当由秘书处承担单位的技术专家担任,具有较强的组织协调能力,熟悉本领域技术发展情况以及国内外标准工作情况,且具有连续3年以上标准化工作经历。副秘书长协助秘书长开展工作,具体职责由本标委会章程予以规定。

标委会委员应当积极参加标委会的活动,履行以下职责:

(1) 提出标准制修订等方面的工作建议;

(2) 按时参加标准技术审查和标准复审,按时参加标委会年会等工作会议;

(3) 履行委员投票表决义务;

(4) 监督主任委员、副主任委员、秘书长、副秘书长及秘书处的工作;

(5) 监督标委会经费的使用;

(6) 及时反馈标委会归口标准实施情况;

(7) 参与本专业领域国内、国际标准化工作;

(8) 参加国家、行业组织的相关培训;

(9) 承担标委会职责范围内的相关工作;

(10) 标委会章程规定的其他职责。

委员享有表决权,有权获取标委会的资料和文件。

11. 标委会章程主要内容有哪些?

答:标委会章程包括但不限于以下内容:

(1) 标委会工作原则、范围、任务、程序;

（2）秘书处职责；

（3）委员的任职条件和职责；

（4）经费的管理与使用等。

标委会根据实际工作需要，可设顾问、单位委员、观察员等，这些成员原则上不应多于标委会委员总人数的五分之一，并应有具体可行的管理办法明确其职责、义务和权力。

12. 标委会换届工作流程是什么？

答：每届标委会任期5年，任期届满（以批复组建文件为准）应当及时换届。

标委会换届前6个月，标委会秘书处应当与现任委员进行沟通、制定换届方案等。委员征集过程要公开公正，应确保委员组成、委员人数、委员条件等符合有关规定。届满前3个月将换届方案及相关材料报送中电联。材料包括但不限于：

（1）换届方案申请书；

（2）标委会基本信息表；

（3）标委会委员名单及登记表；

（4）标委会章程草案，包括工作原则、范围、任务、程序、秘书处职责，委员、顾问、观察员的条件和职责，经费管理制度等；

（5）秘书处工作细则草案，包括工作原则、秘书处工作人员条件和职责、会议制度、文件制度、档案制度、财务制度等；

（6）标准体系框架及标准体系表草案；

（7）秘书处承担单位支持措施；

（8）本届工作计划草案；

（9）其他内容（目前需提交上届技术委员会工作总结）等。

全国标委会的换届应中电联认可后，由标委会秘书处在"国家标准化业务管理平台"网站上进行相关内容的填报。

13. 如何调整标委会委员？

答：标委会组建后委员应按照标委会章程和相关管理办法的要求认真履行委员职责，积极参与标委会活动。

根据工作需要，经技术委员会全体委员表决，标委会可以提出委员调整的建议，委员调整原则上每年不得超过一次，每次调整不得超过委员总数的1/5。

中电联认可委员调整后，履行相关手续对标委会委员调整进行批复。

14. 如何设立分技术委员会？

答：组建分技术委员会，应当符合以下条件：

（1）业务范围明晰，并在所属标委会的业务范围内；

（2）标准体系框架明确，且可以归口的标准或标准计划项目不少于5项；

（3）有国际对口技术委员会的，原则上应当与国际对口保持一致。

标委会组建分技术委员会的建议，应当经全体委员表决通过。同意组建的，标委会秘书处制定组建方案，经全体委员审定后报中电联进行审核，组建方案经中电联同意后，中电联向有关标准化主管部门申报，批复后，由标委会公开征集委员。

15. 专业标准化技术委员会日常工作有哪些？

答：标委会秘书处是标委会日常工作机构，负责标委会工作的组织、协调、标准的管理、委员的交流与沟通、标委会日常事务处理以及本专业领域技术发展的跟踪与研究等一系列工作，标委会工作的好坏与秘书处的工作关系重大。标委会秘书处日常工作主要包括但不限于以下内容：

（1）按照本专业领域的标准体系并结合电力生产建设与技术发展实际，每年对本标委会标准体系进行完善，提交标委会年会审定；

二、体制机制建设

（2）根据标准体系，提出标准编制、修订、复审计划建议；

（3）对有关单位提出的标准计划项目建议进行审核并提交标委会委员进行研讨，最终形成年度标准制修订计划建议；

（4）对标准计划项目的编制过程进行监督与管理，建立标准计划执行的落实机制，督促并指导标准计划项目承担单位按照标准编写质量要求与进度要求完成标准草案的编制任务；

（5）协调标准计划项目在编制过程中可能遇到的各种问题，必要时提交标委会工作会审议；

（6）组织标准征求意见稿的意见征集及其处理，组织标准送审稿的审查；对标准报批稿进行形式审查，整理标准报批所需的各相关文件，并按照标准报批要求进行标准报批；

（7）组织对新颁标准宣贯教材的编制，开展标准宣贯与推广；

（8）对新颁标准应用情况进行跟踪，收集各方在标准使用过程中的意见，对标准内容进行释疑；

（9）组织标准的复审并整理复审结论，按要求将标准复审结论进行上报；

（10）组织和筹办标委会工作会议，总结标委会一年来的工作，提出下一年度标委会工作重点思路，交标委会主任委员、各副主任委员、秘书长及副秘书长审定，对审定后的总结与工作重点提交标委会工作会议审议，准备标委会年会需要审议的各项文件资料；

（11）对本专业领域技术发展趋势与电力生产对标准化工作的实际需求进行跟踪；

（12）对国内外与本专业相关的标准进行收集与跟踪，组织开展有关技术研讨与交流；

（13）建立与标委会委员以及与中电联标准化中心的沟通机制，及时将技术发展与标准化信息与委员共享；

（14）按照相关要求对标准化工作经费和专项经费进行管理和使用；

（15）计划验收，经费决算等。

多数情况下，标委会秘书处担负着标委会日常管理和运作，一些重大事项应在标委会全体会议上审议决定，这些事项包含：

(1) 标委会章程和秘书处工作细则；

(2) 标准体系表；标准制修订立项建议，工作计划；

(3) 标准送审稿；

(4) 标委会委员调整建议，分技术委员会的决议；

(5) 工作经费的预决算及执行情况；

(6) 分标委会的组建、调整、撤销、注销等事项；

(7) 技术委员会章程规定应当审议的其他事项。

表决的票数要求：参加投票的委员不得少于委员总数的3/4。参加投票委员2/3以上赞成，且反对意见不超过参加投票委员的1/4，方为通过。弃权票计入票数统计。未投票不得按弃权票处理。

根据国家要求和电力标准化发展需要，中电联自2018年开始实行标委会考核评估制度，定期对标委会的工作等进行考核评估，并将考核评估结果向社会公开。

16. 标委会年度会议主要内容有哪些？

答：标委会工作会议应每年至少举行一次，标委会工作会议主要内容包括但不限于以下内容：

(1) 研究和审定标委会工作规划及其标准体系；

(2) 对标委会一年来的工作情况进行总结；

(3) 对标委会近期工作重点进行研究；

(4) 检查标委会承担的各项标准计划项目执行情况；

(5) 协调标准计划执行中可能出现的各种问题；

(6) 研究并落实标准计划项目建议；

(7) 开展标准复审；

(8) 审定标准草案；

（9）开展技术交流与研讨。

标委会工作会议由标委会主任委员主持，全体委员参加。工作会应坚持民主原则，对重大问题的确定应采用集体决策，必要时，可以表决。标委会工作会议应有记录并形成会议纪要。

17. 什么是专业标准化工作组？

答：专业标准化工作组又称标准工作组（简称工作组 SWG）是非常设的标准化工作技术组织，该组对某一专业技术领域的标准化工作展开分析研究和标准的研发编制工作。

对新技术、新产业、新业态有标准化需求但暂不具备组建技术委员会或者分技术委员会条件的，可以成立标准化工作组，承担标准制修订相关工作。标准化工作组不设分工作组，由中电联直接管理，组建程序和管理要求参照标委会执行。工作组可设一个组长，具体牵头组织该工作组专业技术领域内的标准化研究，提出标准计划项目建议，编制和审查标准，对标准进行跟踪管理等。

工作组根据其所涉及的专业技术领域、标准化对象以及专业技术领域对标准化需求的不同而有差异，标准化工作组成立 2 年后，中电联组织专家对工作组进行评估。具备组建技术委员会或者分技术委员会条件的，组建标委会；仍不具备组建条件的，予以撤销。

18. 专业标准化技术委员会是如何组建的？

答：专业标准化技术委员会的组建通常应先经过工作组阶段，当有切实的专业标准化需求时，再开展专业标准化技术委员会的组建工作。

专业标准化技术委员会的组建应结合电力生产管理实际需要和标准化需求开展，通常在提出组建新的专业标准化技术委员会时，宜先行组建标准工作组。开展相关专业技术领域的标准化需求分析和标准内容的深入研究，工作组结合标准编制工作，提出专业技术领域标准化发展现状、趋势与需求，研究编制本专业技术领域标准体系，与相关标委会的协调、合作和边界划分，提出急需制修订的标准项目建议以及亟待解决的问题，该专业技术领域标准化开展的工作思路与方案、步骤、措施等。

专业标准化技术委员会组建应当遵循发展需要、科学合理、公开公正、国际接轨的原则。并符合以下条件：

（1）涉及的专业领域符合电力工业标准化发展战略、规划要求；

（2）专业领域一般应与国际标准化组织（ISO）、国际电工委员会（IEC）等国际组织已设立技术委员会的专业领域相对应；

（3）业务范围明晰，与其他技术委员会无业务交叉；

（4）标准体系框架明确，有较多的标准制修订工作需求；

（5）秘书处承担单位具备开展工作的能力和条件。

业务范围能纳入现有技术委员会的，不得组建新的技术委员会。

新的专业标准化技术委员会的组建通常由工作组的组长单位提出组建申请，申请书内容包括：组建专业标准化技术委员会的必要性，专业技术领域，本专业国内外标准化工作的情况和相关技术组织情况、工作范围、标准体系表（草案）、近期工作计划、标委会组成方案建议，秘书处承担单位简介和相关信息以及承担单位意见等。

中电联收到申请后，组织征询相关方意见，向有关标准化主管部门（国家标准委、国家能源局）提出申请或批复（中电联团体标委会）。

获得批复的标委会应在规定的时间内向中电联提交第一届标委会组建方案，组建方案应符合《电力专业标准化技术委员会管理细则》相关要求。编制出标委会章程、秘书处工作细则等相关制度文件，并经标委会一届一次会议审定通过。审定通过的标委会章程、秘书处工作细则等文件应报中电联进行备案。

19. 国际标准化组织（ISO）是什么性质的组织？

答：国际标准化组织（International Organization for Standardization，

ISO）是标准化领域中的一个国际性非政府组织，官方语言是英语、法语和俄语，参加者包括各会员国的国家标准机构和主要工业和服务业企业，它是世界上最大的非政府性标准化专门机构。ISO一来源于希腊语"ISOS"，即"EQUAL"——平等之意。

国际标准化组织的前身是国家标准化协会国际联合会和联合国标准协调委员会，成立于1947年2月23日。

国际标准化组织的目的和宗旨是："在全世界范围内促进标准化工作的开展，以便于国际物资交流和服务，并扩大在知识、科学、技术和经济方面的合作。"其主要活动是制定国际标准，协调世界范围的标准化工作，组织各成员和技术委员会进行情报交流，与其他国际组织进行合作，共同研究有关标准化问题。

国际标准化组织负责当今世界上绝大部分领域（包括军工、石油、船舶等垄断行业）的标准化活动。ISO现有165个成员（包括国家和地区）。ISO的最高权力机构是每年一次的"全体大会"，其日常办事机构是中央秘书处，设在瑞士日内瓦。中央秘书处现有170名职员，由秘书长领导。ISO的宗旨是"在世界上促进标准化及其相关活动的发展，以便于商品和服务的国际交换，在智力、科学、技术和经济领域开展合作。"ISO通过它的2856个技术结构开展技术活动，其中技术委员会（简称SC）共611个，工作组（WG）2022个，特别工作组38个。中国于1978年加入ISO，在2008年10月的第31届国际化标准组织大会上，中国正式成为ISO的常任理事国，代表中国参加ISO的国家机构是中国国家标准化管理委员会。

20. 国际电工委员会（IEC）是什么性质的组织？

答：国际电工委员会（International Electrotechnical Commission，IEC）于1906年成立于英国伦敦，是制定和发布国际电工电子标准并制定相关合格评定体系的国际标准组织，享有"电工领域联合国"的美誉，自成立以来在发电、输电、配电、用电、电子、信息技术等领域组织制定的

1万多项国际标准，在推动科技创新成果转化、促进国际贸易、保护人身安全中发挥着重要的技术规制作用。IEC总部设在瑞士日内瓦，与ISO（国际标准化组织）、ITU（国际电信联盟）并称为世界三大国际标准组织。目前，IEC共有173个国家成员，其中正式国家成员86个，联络国家成员87个，涵盖了全球99%的人口。IEC的主要管理机构包括：理事会（全体大会）、理事局、执行委员会、标准化管理局、合格评定局、市场战略局等。IEC的工作体系由标准制定体系和合格评定体系两个方面组成，现有207个技术委员会、分委员会和4个合格评定体系。

IEC大会是IEC最高级别会议，负责对IEC重大国际标准化战略和政策等管理事务进行决策，研究通过IEC章程修改决议，批准发布IEC战略发展规划，进行IEC主席、副主席等重要领导职务选举，审议通过IEC秘书长的工作报告等。我国于1990年、2002年和2019年分别承办了第54届、第66届和第83届IEC大会，国家领导人出席大会并接见IEC等国际组织官员，受到了国际同行的广泛认可，推动我国标准水平不断提升，促进全社会对国际标准的认知，增强了IEC等国际标准组织的影响力和权威性。同时，通过积极承办大会，我国国际标准化工作取得了较大进步，承担IEC技术机构主席、秘书处数量从零上升到各成员国的第6位，贡献IEC国际标准提案从几年一项增长到每年40多项，成为参与IEC国际标准化活动最积极的国家之一。

我国于1957年8月正式加入IEC，一直将积极参与IEC国际标准化活动作为一项重要的技术经济政策予以推进，致力于为IEC国际标准化治理和标准体系的完善做出中国贡献。2011年，中国成为IEC常任理事国，成为IEC理事局（CB）、标准化管理局（SMB）和合格评定局（CAB）的常任成员。

21. IEC/TC 115是什么组织？

答： 国际电工委员会第115技术委员会（IEC/TC 115）是国际电工委

员会技术委员会之一，编号 115。其全称是：100kV 以上高压直流输电技术［High Voltage Direct Current（HVDC）transmission for DC voltages above 100kV］，主要负责制定 100kV 以上高压直流输电技术国际标准，涉及领域包括设计、技术要求、施工验收、可靠性和可行性、运行和维护等方面。

IEC/TC 115 于 2008 年 8 月由国际电工委员会标准管理局批复成立，秘书处设在中国国家电网公司。截至 2013 年 6 月，该技术委员会共有 14 个参与国（中国、埃及、法国、德国、意大利、日本、韩国、马来西亚、荷兰、俄罗斯、西班牙、瑞典、英国、美国），9 个观察国（奥地利、巴西、加拿大、希腊、丹麦、芬兰、波兰、瑞士、印度），目前技术委员会设 3 个工作组（高压直流接地极设计导则、高压直流系统可靠性及可行性评估、高压直流输电线路电磁环境限值），1 个项目组（高压直流输电设备资产评估导则），2 个联合工作组（高压直流换流站可听噪声、大气海拔修正）。

22. IEC/PC 118 是什么组织？

答：国际电工委员会第 118 项目委员会（IEC/PC 118）是国际电工委员会技术委员会之一，编号 118。IEC/PC 118 工作范围是智能电网用户接口，工作内容是从各种智能用电设备、用户侧分布式能源接入，以及智能用户侧需求响应等角度对智能电网用户接口领域内的相关标准内容进行定义和描述。涵盖智能家居、智能楼宇、智能小区、电动汽车、分布式储能装置、分布式电源、负荷管理等多个智能电网与用户接口领域的内容，包括术语定义、接口的总体要求、信息或能量的交互模式、通信协议、安全防护以及相关测试用例等内容。

IEC/PT 118 于 2011 年 9 月由国际电工委员会标准化管理局批复成立。秘书处设在中国电力科学研究院。截至 2013 年 6 月，有 10 个参与国（澳大利亚、中国、丹麦、法国、英国、日本、韩国、意大利、瑞典、美国），

11个观察国（巴西、加拿大、瑞士、捷克、德国、以色列、马来西亚、荷兰、挪威、波兰、新加坡）。目前，PT 118设2个工作组，分别是需求侧智能设备与电网交互接口工作组和电力需求响应工作组。

23. 美国电气和电子工程师协会（IEEE）是什么组织？

答：美国电气和电子工程师协会（Institute of Electrical and Electronics Engineers，IEEE）是一个国际性的电子技术与信息科学工程师的协会，是世界上最大的专业技术组织之一，拥有来自175个国家的数十万会员。1963年1月1日由美国无线电工程师协会（IRE，创立于1912年）和美国电气工程师协会（AIEE，创建于1884年）合并而成，它有一个区域和技术互为补充的组织结构，以地理位置或者技术中心作为组织单位（例如IEEE费城分会和IEEE计算机协会）。它管理着推荐规则和执行计划的分散组织（例如IEEE-USA明确服务于美国的成员是专业人士和公众），总部设在美国纽约市。IEEE在150多个国家中拥有300多个地方分会，专业上它有35个专业学会和两个联合会，IEEE定义的标准在工业界有极大的影响。

学会成立的目的在于为电气电子方面的科学家、工程师、制造商提供国际联络交流的场合，提供专业教育和提高专业能力的服务。学会的主要活动是召开会议、出版期刊、制定标准、继续教育、颁发奖项、认证（Accreditation）等。IEEE有37个协会组成，每年要举办300多个有影响力的学术会议，IEEE定位在"科学和教育，并直接面向电子电气工程通信、计算机工程、计算机科学理论和原理研究的组织，以及相关工程分支的艺术和科学"。

IEEE被国际标准化组织授权为可以制定标准的组织，设有专门的标准工作委员会，有30000义务工作者参与标准的研究和制定工作，每年制定和修订800多个技术标准。IEEE的标准制定内容有：电气与电子设备、试验方法、元器件、符号、定义以及测试方法等。

三、标准制修订

1. 国际标准的制定有哪些程序？

答：ISO（国际标准化组织）和 IEC（国际电工委员会）使用共同的技术工作导则，遵循共同的技术工作程序。他们最大的区别在于工作模式的不同，ISO 的工作模式是分散型的，技术工作主要由各国承担的技术委员会秘书处管理，ISO 中央秘书处负责协商，只有到了国际标准草案阶段 ISO 才予以介入。而 IEC 采取集中管理模式，即所有的文件从一开始就由 IEC 中央办公室负责管理。

ISO 与 IEC 的标准制定过程大致分为 6 个阶段，即提案阶段、准备阶段、技术委员会阶段、询问阶段、批准阶段和出版阶段。

（1）提案阶段，即确定新工作项目阶段。

（2）准备阶段，即工作组起草工作草案阶段。

（3）技术委员会阶段，即 TC 或 SC 讨论阶段。

（4）询问阶段，即询问草案须由 ISO 中央秘书处在 4 个星期内发到所有的国家团体进行为期 5 个月的投票。

（5）批准阶段，即 ISO 中央秘书处将最终国际标准草案发送给所有成员国，进行为期两个月的投票。

（6）出版阶段，一旦最终国际标准草案被批准，中央秘书处须在两个月内更正 TC/SC 秘书处指出的任何错误，并印刷和分发国际标准。

一项国际标准从提出文稿到批准为标准至少需要两年，往后的 3~5 年需要对它进行不断的维护和完善。

2. 我国标准制定有哪些程序？

答：国际标准 GB/T 16733—1997《国家标准制定程序的阶段划分及代码》明确了我国标准制定程序的阶段划分。具体程序包括 9 个阶段：

（1）预阶段，对需要立项的新项目进行充分研究和论证，并在此基础上提出新工作项目建议，包括标准草案或标准大纲（如标准的范围、结构及其相互关系等),交由技术委员会或主管部门进行审查上报。

(2)立项阶段,国务院标准化行政主管部门将审查、汇总、协调、确定新工作项目列出(国家标准制修订项目计划)并下达。

(3)起草阶段,主管部门或标准化专业技术委员会落实新工作项目计划,项目负责人组织标准起草工作组起草标准草案征求意见稿,编写标准编制说明和有关附件。

(4)征求意见阶段,将标准草案征求意见稿发往有关单位征求意见,提出征求意见汇总处理表,完成标准草案送审稿。

(5)审查阶段,对标准草案送审稿组织审查,在协商一致的基础上,形成标准草案报批稿和审查会议纪要或函审结论。若标准草案送审稿没有被通过,则应分发标准草案送审稿(二稿),再次进行审查。项目负责人要主动向有关部门提出延长或终止该项目计划申请报告。

(6)批准阶段,主管部门对标准草案报批稿及报批材料进行程序、技术审核,对不符合报批要求的,应退回有关起草单位,限时解决问题后再行审核。国家标准技术审查机构对报批材料进行技术审查,在此基础上,对报批稿完成必要的协调和完善工作。若报批稿中存在重大技术方面的问题或协调方面的问题,要退回部门或有关专业标准化技术委员会,限时解决问题后再报批;由国务院标准化主管部门批准、发布国家标准。

(7)出版阶段,将国家标准出版稿编辑出版,提供标准出版物。

(8)复审阶段,对实施周期达5年的标准进行复审,以确定是否确认(继续有效),修改(通过技术勘误表或修改单),修订(提交一个新工作项目建议,列入工作计划)或废止。

(9)废止阶段,对于经复审后确定无存在必要的标准予以废止。

3. 什么是标准制定的快速程序?

答:为了缩短标准制定周期,适应国家经济快速发展对标准的需求,我国《采用快速程序制定国家标准的管理规定》中规定,制定标准可以采用快速程序。快速程序是在正常程序的基础上，省略起草阶段或省略起草阶段和征求意见阶段的简化程序。

快速程序适用于已有成熟标准草案的项目，适用于变化快的高新技术领域。

对等同采用国际标准或国外先进标准的标准制修订项目可直接由立项阶段进入征求意见阶段，省略起草阶段，将该标准作为标准草案征求意见稿分发征求意见。对现有国家标准的修订项目或中国其他各级标准的转化项目可直接由立项阶段进入审查阶段，省略起草阶段和征求意见阶段，即将该现有标准作为标准送审稿组织审查。

对于采用快速程序的国家标准制修订项目，除允许省略的阶段外，其他阶段不能简化，以确保标准编制质量。

4. 标准立项的准备工作主要有哪些？

答：标准的前期研究是在标准立项之前，如何确定标准化对象、对标准制（修）订的必要性、可行性和标准主要技术内容的确立进行调查、分析、研究、审定和最终提出标准计划项目建议的过程。这一过程主要包括标准制（修）订的需求分析、标准体系建设研究与标准立项申报等内容。标准的前期研究是促进和提高标准质量至关重要的环节，应予以充分重视。

5. 标准需求分析的主要内容有哪些？

答：在确定标准计划立项之前，应对标准化对象进行必要的需求分析。绝大多数电力标准具有公共利益的内涵，开展标准需求分析应站在公正的立场上进行，不应带有主观或个体利益观点。标准需求分析应通过标委会的审评（可在标委会年会上进行研讨和审议），审评通过后方可提交计划立项申请。标准的需求分析主要包含以下几个方面的内容：

（1）必要性分析，包含紧迫性和重要性两个方面，是对标准化对象进行深入研究、形成标准的理由是否充分的分析过程。必要性分析时应充分考虑电力工业生产、建设、经营和管理等工作是否对该项标准有现实的需求；此外，国家相关政策的出台是否需要相关标准进行配套和支持也是必要性分析的重点内容之一。

（2）可行性分析，是指标准编制后对电力生产可行性状况的分析，以及对标准在现有技术条件下能否按计划进度形成标准且切实可行的分析过程。这一分析过程重点应包括：

1）经济合理性分析。标准所确定的技术要求和指标与我国电力生产、建设现状的适应程度，标准实施后对电力企业可能产生的经济投入，及其制定标准过程所投入的账务情况等。

2）技术可行性分析。现有技术条件下制定标准的可能性，包括现有技术国内外发展情况及其趋势、该技术领域现有标准情况、标准发起人定位分析、标准级别（国标、行标）的选定等；技术可行性分析应在大量的生产建设应用和充分科学试验的基础上完成，技术可行性分析应具有普遍性而不应以一、两个案例作为蓝本得出结论。

（3）政策导向性分析，是指对所制定标准与国家相关政策、法规、行业发展规划等发展方向的比对和研究，从而保证标准的技术内容与国家倡导的方向以及产业发展相吻合，也为标准立项、实施提供法规性依据和保障。

（4）协调性分析，协调是标准化工作的一个重要原则，也是标准研制工作中的重要环节，其有两层含义：一是标准各部分之间的相互协调和统一；二是标准与相关标准（包括在编的标准草案）之间的协调，协调性分析要对现行的相关标准进行总体分析和评判，得出制定标准的必要性结论。在开展这一分析过程中，与标准体系的紧密结合是关键内容之一。

6. 怎样进行标准的立项申请？

答：标准的立项申请工作由于不同主管部门的要求不同，略有差异。标准立项申请单位（标委会）应按照相关要求进行申报。我们仅对通用的问题进行介绍。标委会对有关机构或组织提请的标准项目提案（PWI）应进行必要的评估。评估可通过会议或电子邮件形式向标委会全体委员征求意见，并对评估的结果进行整理、汇总、分析和处理，必要时，可组织标准项目申请单位的集中答辩，从而确定标准计划项目立项与否。标准项目提案经标委会审定通过后，应明确：

（1）标准名称（中、英文名称），名称应准确，符合标准名称命名规则；

（2）编制标准的目的和意义；

（3）标准的主要技术内容（大纲或草案），如果有企业标准时，应提交企标在实施时的效果；

（4）标准的范围（标准技术要求涵盖的范围和标准的应用范围）；

（5）标准的类别（基础、安全卫生、环保、管理技术、方法、产品、工程建设、其他等）；

（6）标准主要起草单位和主要起草人、参编单位和参编人员（草案）；

（7）与国内外相关标准情况的对比与说明；

（8）标准计划完成时间；

（9）标准编制过程中经费预算及其解决方案等。

标准名称应在对标准项目提案进行认真分析后按照标准起草规则审慎确定，标准主要起草单位和主要起草人应是在对标准发起人（单位）定位进行分析后产生，标准编制单位和编制人应切实能够按照标准编写的要求和计划进度安排保质保量地完成标准的编修工作，此外，标准项目提出单位还应提出标准编制过程中经费预算、来源、使用情况草案等。

标准项目提案在审定确认后，按照标准项目征求的文件要求进行申报。采用"快速程序"制定的标准，应在提交标准项目提案时进行说明。

7. 标准的编制过程是什么？

答：标准制（修）定计划下达后，进入标准的正式编制环节，标准的编制工作由于不同主管部门的要求不同，而略有差异，仅对通用的问题进行介绍。

首先应注意的是：标准计划一经下达不应随意终止。标准的编制应在标准计划申报时所确定的范围内开展工作，不应随意地扩大和缩小预定的范围。

（1）组建工作组。标委会秘书处在接到计划下达通知后的 8 周内对归口管理的每个标准计划项目进行建档，组建标准编制工作组（WG）；并建立联系、协调和监管机制。

标准编制工作组应在 4 周内完成。标准编制工作组成员应由计划申报中确定的主要起草单位和主要起草人、参编单位和参编人员担任，也可根据实际情况做适当调整。工作组成员一旦确定下来，不应随意变化。标准编制工作组内设有组长（主编、召集人）一人，组长应对该标准人员分工、进度安排等进行全面统筹并对技术内容的准确性负责。标准编制工作组应在组建后两周内完成标准工作计划的编制，并将工作计划报标委会秘书处备案。

工作组在编制标准过程中发生人员调整的，应及时报告标委会秘书处，工作组在标准编制过程中的每次会议都应形成会议纪要。

（2）启动编制工作。标准编制工作组成立后，应及时组织召开标准编制工作启动会，启动会主要内容如下：

1）审议并确定标准工作组主编、参编单位和成员，工作组成员应相对固定；

2）审议并确定标准大纲，大纲应与标准立项的建议书保持一致；

3）商议并确定标准编写工作的分工；

4）商议并确定标准工作进度安排；

5）审议标准编制经费预算等。

标准编制工作组可根据实际情况的需要开展标准编制工作的调研，调研工作应在事先确定好需要调研的主要内容、方向、单位、参与成员以及希望解决的问题等。调研工作应于 4 周内完成，形成调研报告，调研报告包括调研的范围、方法、所取得的收益及为标准编制提供的依据和思路等。调研报告应报标委会秘书处备存。

标准编制工作组应于调研工作结束后的 8 周之内完成标准讨论稿（WD），并集中对标准讨论稿进行深入研究、讨论、修改和完善，修改完善后的标准草案称为标准征求意见稿（CD），标准征求意见稿内容应完整，格式符合标准编写规则。

（3）征求意见。工作组应于标准征求意见稿形成两周内，将标准征求意见稿及编制说明报标委会，标委会秘书处收到工作组提交的标准征求意见稿后，应先行进行审核，审核工作应于两周内完成。对通过审核的标准征求意见稿，拟文向标委会委员及有关单位进行意见征询；未通过审核的反馈给标准编制工作组进行修改完善。标委会应将国家标准（包括工程建设国家标准）、行业标准的征求意见稿提前报至中电联标准化管理中心，以便于在相关网站上征求意见。

标准的意见征询应尽可能广泛，征求意见的时间应不多于 10 周，但也不应少于 40 天。每个标委会委员都应对标准征求意见稿进行认真审读，必要时，可组织本单位相关技术人员对标准征求意见稿进行研讨，提出明确而具体的修改意见和建议，并在规定的期限内反馈给标委会秘书处和主编单位。

标准起草工作组对收集到的反馈意见进行汇总、归纳，并进行意见处理，意见处理包括：

1）采纳，对标准草案进行修改和完善；

2）部分采纳（应说明理由），进行相关内容的修改和完善；

3）不采纳，应说明理由和根据；

4）待审查会确定的内容。

意见处理应于标准征求意见截止时间的两周内完成，根据意见处理结果对标准征求意见稿进行修改、完善，形成标准报批稿。

（4）快速程序。标准的编制工作通常不少于"三稿"（即征求意见稿、送审稿、报批稿）。省略其中一稿（通常是征求意见稿）称之为"快速程序"，快速程序可使标准的编制周期缩短。

采用快速程序编制标准，前提是修订现行标准或者等同采用国际标准，采用快速程序编制标准的应在标准计划申报时提出，并在标准的编制说明中应对相应情况进行说明。

8. 标准草案是什么？

答：在标准编制过程中形成的标准大纲或为了征求各方意见、审查（投票）或批准而提出的标准征求意见稿、标准送审稿以及标准报批稿等标准文稿统称为标准草案。

9. 标准征求意见稿是什么？

答：标准征求意见稿是在标准制定过程中为征求意见而提出的标准文稿，属标准草案形式之一，因没有经过公认机构批准，所以它还不是标准，不具有有效性。因此，标准征求意见稿不能像正式标准一样应用，也不能被法律或标准引用。

标准征求意见稿由对该标准较熟悉的、具有代表性的、有权威的单位组成的标准起草工作组完成。标准起草工作组通过拟定标准内容的构成和起草依据、收集资料、进行专题调查研究和必要的试验验证，按照标准编写要求，提出标准征求意见稿。一些标准比较复杂，分歧意见大，回复意见要求对征求意见稿进行重大修改，还可能有征求意见二稿，甚至三稿。

10. 标准送审稿是什么？

答：标准送审稿是在对标准征求意见稿广泛征求意见的基础上，由编制组认真汇总、研究和修改完善后形成的一种供审查用的标准草案。该草案经审查、修改后即成为标准报批稿。

标准送审稿属标准草案形式之一，因没有经过公认机构批准，它不是标准，不具有有效性。因此，标准送审稿不能像正式标准一样应用，也不能被法律或标准引用。

标准送审稿是在标准征求意见稿征求意见后由负责起草单位对征集的意见进行归纳整理，分析研究和处理后提出的。对征求意见的处理大致有下列五种情况：

（1）采纳；

（2）部分采纳；

（3）不采纳，对此应说明理由或根据；

（4）安排试验项目，待试验后确定；

（5）由标准审查会决定。

根据情况，标准的审查可采用会议审查或函审，参加审查的，应各有关部门的主要生产、经销、使用、科研、检验等单位及大专院校的代表。全国专业标准化技术委员会或标准化技术归口单位，对标准送审稿的技术内容和编写质量进行全面审查后，得出审查结论。

11. 标准报批稿是什么？

答：上报审批的标准草案，一般称为标准报批稿。标准报批稿是标准化课题研究成果的技术文字结晶，是严格按课题计划任务书的要求对课题进行研究，经过编写规则、技术内容、文字叙述等方面的最终审查，报请上级主管部门审批发布的正式文本。

通过编写规则、技术内容、文字叙述等方面的最终审查，报请上级主管部门审批发布为正式文本的依据。对于报批稿的编制主要有以下要求：

（1）报批稿以纸质文本为准，电子文本应保证与纸质文本一致。

（2）报批稿应按照标准审定会意见进行如实修改。

（3）报批稿内容与格式应符合 GB/T 1.1—2020《标准化工作导则 第 1 部分：标准化文件的结构和起草规则》的要求，并校对确保达到无误和技术及编辑错误。

标准报批稿因没有经过公认机构批准，它不是标准，不具有有效性。因此，标准报批稿不能像正式标准一样应用，也不能被法律或标准引用。

12. 标准审查提交的审查资料有哪些？

答：标准编制工作组在标准征求意见后，对标准进一步完善处理形成的标准草案称为标准送审稿。工作组提交的审查材料包括但不限于：

（1）标准送审稿；

（2）标准编制（条文）说明；

（3）征求意见稿的意见汇总处理表；

（4）其他相关文件。

这些材料应符合以下要求：

（1）标准送审稿完整、准确，符合提交标准审查的要求。

（2）标准编制说明。工作组在编制标准草案的同时，应与标准进展同步编写标准的编制说明（或条文说明），标准编制说明应与标准草案同步进行同步完善，标准的编制说明内容应涵盖：

1）任务来源，简要工作过程、主要参编单位和工作组成员等；

2）标准编写原则和主要内容，修订标准时应列出与原标准的主要差异和理由；

3）主要试验验证情况；

4）与现行法律、法规、政策及相关标准的协调关系；

5）标准预期达到的效果，贯彻标准的要求和措施建议；

6）代替或废止现行标准的建议；

7）采用国际标准和国外先进标准情况；

8）标准名称与计划项目名称发生变化时应将变化的主要原因进行说明；

9）重要内容的解释和其他应予说明的事项；

10）工程建设标准应针对标准的条文撰写条文说明，条文说明应言简意

67

账、并准确地对条文内容进行说明和解释，帮助标准阅读者理解标准本意；

11）涉及专利的说明等。

（3）征求意见稿的意见汇总处理表：应完整、准确，按照标准章条顺序逐条给出。对不采纳的意见应提出具体原因，对需要进一步研究处理的意见，提出初步解决的方案和说明。

（4）如果标准征求意见稿的审查是以会议形式开展的，应提交征求意见稿审查会会议纪要等。

13. 标准审查的方式有哪些？

答：标准审查方式可分为"函审"和"会审"两种形式。标委会的每位委员都应积极参与标准的审查，按照标委会的要求对标准草案提出意见和建议。

标委会组织函审时，应将标准草案、编制说明、意见汇总处理表及其相关文件一并发送至标委会每位委员，如有需要，标准草案发送范围可扩大至相关单位，以便更广泛地听取各方意见。标委会秘书处应对标准草案的发送范围进行记录，对回函时间提出要求。标委会的每位委员都应对标准草案稿提出意见或建议并在规定的时间内反馈给标准审查联系人。

标委会在标准函审截止日期后两周内，对收到的反馈意见和建议提交标准起草工作组，标准起草工作组在收到反馈意见和建议的两周内组织对意见和建议进行分析、整理和汇总，确定采纳与否并修改标准草案形成标准报批稿，同时修改标准编制说明，修改后的编制说明应对标准采纳意见、未采纳意见进行较为详尽的说明，以便于标准报批时标委会秘书处的审定。

会议审查（简称会审）。标委会秘书处可根据标委会实际工作安排标准的审查时间，标委会秘书处应至少于会审前两周将标准报批稿草案、编制说明、征求意见稿的意见汇总处理表等相关文件提交给每位委员及会审邀请的专家，以便与会代表提前对标准草案进行审读。

会审应由标委会主任委员、副主任委员或秘书长主持，审查时首先由标准编制工作组成员对标准起草过程、标准主要技术指标和要求以及相关内容进行介绍和说明，在各位委员对说明无异议后，开始对标准内容进行审查，审查的内容应从标准名称至标准的最后一个要素逐项审查。标准编制工作组应不少于两位同志对审查的过程和结论进行记录，以便于对标准的修改和完善。

14. 标准审查的重点有哪些？

答：（1）标准审查是控制标准质量的重要手段，标准审查的重点包含：

1）符合性。标准的内容与计划项目立项初衷、本专业技术发展趋势以及国家相关政策和要求相符；标准的格式符合 GB/T 1.1—2020《标准化工作导则 第1部分：标准的结构和编写》或《工程建设标准编写规定》相关要求。

2）一致性。标准提出的各项要求与国家相关法规、政策、强制性标准保持一致。

3）协调性。标准的技术内容与现行相关标准保持协调；如与相关标准在技术要求上产生变化时，应在标准前言、编制说明等文件中进行说明，并提出变化依据。

4）合理性。确定为强制性的标准，其内容应符合国家强制性标准的编制原则和有关要求。

（2）此外，在审查时还应对标准的语言表述和格式规范等进行认真审定，内容包括：

1）标准体例结构严谨、层次分明；

2）语言文字的表述是否叙述清楚、用词确切、无歧义；

3）标准中使用的术语、符号、代号统一并符合相关要求；

4）标准中采用的计量单位的名称、符号是否准确，符合相关标准要求；

5）标准中规定的误差和测量不确定度等符合相关标准要求；

6）标准中的各项数据、指标准确无误，可检验；

7）系列标准的各相关部分的表述内容和要求是否协调一致等。

应于标准送审稿审查会上审议并通过会议纪要，会议纪要以《****标准》送审稿审查会会议纪要为标题，内容包括会议时间、地点、参会人员，对标准审查的结论性意见及其会议提出的主要修改意见等。

标准送审稿审查会的会议纪要是标准送审稿修改成为标准报批稿的重要依据性文件，因此在会议纪要中应尽可能详尽地描述本次标准审查过程中对标准修改的意见和建议，这些意见和建议应具体且可操作，针对标准的具体内容，会议纪要对标准的主要修改意见和标准审查人员名单可作为会议纪要的附件，标准审查人员应不包含标准的编制人员。审查人员名单应为打印件，并附有审查人员签字。通常审查人员名单的表头格式为：序号、姓名、工作单位、职称/职务、签字。会议纪要是标准报批时的重要文件之一，宜以标委会的正式文件印发。

经审查未能通过的标准草案，标准编制工作组应按照审查会的意见进行认真的修改完善标准草案及其相关文件，修改完善工作宜在4周内完成。修改完善后的标准草案及其相关文件重新提交标委会秘书处组织标准审查。

15. 不能按期完成标准编制计划的标准处理方式有哪些？

答：标准编制过程中，由于各类客观原因导致标准不能按期完成标准编制计划的，计划项目承担（主编）单位应对拖延情况进行说明，并提出计划调整申请，填写《行业标准项目计划调整申请表》报标委会秘书处审定，标委会秘书处签署意见后，将表一式二份（附电子文件），于原定计划完成年度的11月20日前报中电联标准化管理中心。

16. 如何进行标准的报批？

答：通过了送审稿审查的标准草案，标准编制工作组应于送审稿审查会结束后4周内，根据审查会意见对标准送审稿进行修改完善，修改完善后的标准草案称为标准报批稿。标准报批稿应体现标准送审稿审查会的会议纪要中明确的修改内容。

标准编制工作组完成标准报批稿后,应将标准报批稿及征求意见稿的意见汇总处理表、编制说明、标准申报单、送审稿审查会会议纪要、经费(自筹经费除外)决算单等相关文件一并报给标委会秘书处。标委会秘书处设专人对标准报批稿及相关文件进行审核,不符合要求的应重新修改完善至符合要求止,符合要求的按照标准报批要求报至中电联标准化管理中心。标准报批工作应在送审稿审查会后三个月内完成。

标准的报批文件及其数量应符合相关要求。

(1)标准报批公文:应以标委会正式文件报送;

(2)标准申报单;

(3)标准报批稿:标准内容应符合标准审查会提出的各项要求,格式应符合 GB/T 1.1—2020《标准化工作导则 第1部分:标准的结构和编写》或《工程建设标准编写规定》;

(4)标准征求意见稿的意见汇总处理表;

(5)标准的编制说明:包含标准提出背景、标准编制过程与分工、主要技术要求的确定、标准执行应注意的事项以及其他需要说明的内容;

(6)标准送审稿审查会的会议纪要;

(7)电力标准制修订计划项目经费决算单。

17. 如何进行标准发布后的管理工作?

答:(1)出版前的核稿。标准发布后标准主编人应按照标准出版要求对标准进行核稿。标准核稿时应保持标准的各项要求及其相应指标与标准报批稿的内容相一致。核稿人不得随意对标准的要求和指标进行修改和调整;一旦有所调整和变化,核稿人应先报知标委会秘书处或中电联标准化管理中心,由标委会秘书处或中电联标准化中心组织有关专家进行研究和审定,必要时,可组织召开研讨会对标准出版稿的内容进行最终确定。

(2)标准的宣贯。标准发布后,标委会可根据标准的具体情况组织开展标准的宣贯工作。标准的宣贯可采用多种形式,标准宣贯会是常见的一种。标准宣贯会应由标委会或中电联标准化管理中心具体组织实施。应在召开标准宣贯会前作好充分的准备工作，标准宣贯的主讲人由标准主要编制人员担任为宜，并至少应于标准宣贯会开始的7天前完成标准宣贯教材及其标准宣贯用PPT课件。标准宣讲的内容应根据标准的具体情况对标准的产生背景和主要技术内容、各项技术指标和要求、标准在实际应用时应注意的事项等进行讲解；当标准宣贯会召开而标准尚未正式出版时，可以用标准报批稿作为标准正式出版稿的替代本进行标准宣讲，但应在标准报批稿封面的标准英文标题下方的明显位置予以标明"本文件为标准报批稿，可能存在与标准出版稿的不同，仅供标准宣贯参考使用"字样。每次标准的宣贯应留有必要的答疑时间。标准宣贯会也可与相关技术研讨、交流会同时召开。

（3）标准跟踪管理。标准跟踪管理的目的是使标准编制者切实了解标准在发布实施后对电力生产活动所产生的影响，便于为标准后续的修订完善提供依据。标委会应对标准在实际应用的情况进行有效的跟踪管理，建立跟踪标准的制度，对标准在实际应用过程中出现的各种信息进行收集、汇总、归纳和分析，必要时提交标委会年会上审议，为标准的复审、修订和完善奠定基础。对标准实施情况的跟踪管理应明确到人，可委托标准的主要编制人担任，同时，标委会还应对标准使用者在标准应用中产生的疑问进行解答。标准跟踪人员应定期（一般不超过两年）对标准在实施过程中取得的社会与经济效益、存在的问题以及需要改进的方面进行研究和分析，并向标委会秘书处进行书面报告，标委会秘书处也应对发布的标准做好记录，记录表可采用如下形式：

序号	标准编号	标准名称	发布日期	实施日期	主要起草人	起草人联系方式	标准带来的经济和社会效益	标准在执行中存在的问题	备注
1									
2									

18. 标准的分类有哪些?

答: (1) 按照标准化对象,通常把标准分为技术标准、管理标准和岗位标准三大类。

(2) 按照标准的适用范围分类,标准分为国家标准、行业标准、地方标准、团体标准、企业标准。国家标准分为强制性标准和推荐性标准。强制性标准必须执行,行业标准、地方标准是推荐性标准,国家鼓励采用推荐性标准。推荐性国家标准、行业标准、地方标准、团体标准、企业标准的技术要求不得低于强制性国家标准的相关技术要求。国家鼓励社会团体、企业制定高于推荐性标准相关技术要求的团体标准、企业标准。

四、标准体系

四、标准体系

1. 什么是标准体系？

答：一定范围内的标准按其内在的逻辑关系联系形成的整体构成标准体系（standards system）。按照标准体系的应用范围，标准体系可分为全国通用性综合基础标准体系、行业标准体系和各种特定系统的标准体系。特定系统有宏观和微观两个层面，前者如火力发电标准体系、水力发电标准体系等，后者如某专业、某过程、某工艺、某方法等所涉及的标准而形成的标准体系，如勘测、设计、土建、线路、燃煤系统、化学系统、金属结构等。

标准体系应具有以下特征：目的性、层次性、协调性、配套性、比例性、动态性。

2. 什么是企业标准体系？

答：企业标准体系是指企业执行的标准按其内在联系形成的有机整体。标准体系是由标准组成的系统。企业标准体系是以技术标准为主体，包括管理标准和岗位标准。

标准体系包括现有标准和预计应发展标准。现有标准体系反映出当前的生产、科技水平、生产社会化、专业化和现代化程度、经济效益、产业和产品结构、经济政策、市场需求、资源条件等；标准体系中也展示出规划应制定标准的发展蓝图。

3. 什么是技术标准体系？

答：企业技术标准体系是指企业范围以内的技术标准按其内在联系形成的科学的有机整体。它是企业标准体系的组成部分，是企业组织生产、技术和经营、管理的技术依据；企业标准体系一般以技术标准、管理标准和工作标准构成，还应包括贯彻和采用上层国家或行业基础标准。

4. 什么是管理标准体系？

答：企业管理标准体系是指企业标准体系中的管理标准按其内在联系形成的科学的有机整体。管理标准体系包括产品实现管理标准体系和基础保障管理标准体系。

产品实现管理标准体系是企业为满足顾客需求所执行的，规范产品实现全过程管理标准化文件按其内在联系形成的科学有机整体，是企业标准体系的组成部分。

基础保障管理标准体系是企业为保障企业生产、经营、管理有序开展所执行的，以提高全要素生产率为目标的管理标准化文件按其内在联系形成的科学有机整体，是企业标准体系的组成部分。

5. 什么是岗位标准体系？

答：岗位标准体系是指企业为实现基础保障管理标准体系和产品实现管理标准体系有效落地所执行的，以岗位作业为组成要素的标准化文件按其内在联系形成的科学有机整体，是企业标准体系的组成部分。

6. 建立企业标准体系总的要求是什么？

答：企业应按 GB/T 15496—2017《企业标准体系　要求》标准的要求建立企业标准体系，加以实施，并持续评审与改进，保持其有效性。建立企业标准体系总的要求如下：

（1）企业标准体系应以技术标准体系为主体，以管理标准体系和岗位标准体系相配套；

（2）应符合国家有关法律、法规，实施有关国家标准、行业标准、地方标准和团体标准；

（3）企业标准体系内的标准应能满足企业生产、技术和经营管理的需要；

（4）企业标准体系应在企业体系表的框架下制定；

（5）企业标准体系内的标准之间相互协调；

（6）管理标准体系、岗位标准体系应能保证技术标准体系的实施；

（7）企业标准体系应与其他管理体系相协调并提供支持。

7. 企业标准体系中的标准之间的"内在联系"和"有机整体"的含义是指什么？

答：企业标准体系是具有系统的所有特征，它是以技术标准体系为主，包括管理标准体系和岗位标准体系等子体系组成，各子体系中，又各由若干个标准构成，子体系与子体系之间，子体系与标准之间，标准与标准之间都具有相互关联、相互依赖和相互作用的内在联系，并且与企业标准体系运行的外部环境，如管理职能、资源管理密切相关，从而实现企业标准体系的特定功能。因此说企业标准体系具有有机整体的特征。

8. 企业标准体系与企业实施的诸如质量、环境等诸管理体系之间的关系应如何整合？

答：当一个企业存在多体系时，如质量管理体系、环境管理体系、职业健康管理体系、企业标准体系、规章制度体系等，应充分识别出多个管理体系的共性要求和差异性要求，寻找整合的切入点，求同存异，就能建立既符合多个管理体系要求，又结合企业实际的整合管理体系。

9. 什么是标准体系表？

答：在一定范围的标准体系内的标准按一定形式排列起来的图表。标准体系表一般由标准体系结构图、标准明细表、标准体系编制说明和标准统计表等相关文件组成。标准体系结构可根据实际需求采用层次结构、序列结构或板块结构的形式进行表现，在我国电力行业中大多数组织或企业采用层次结构的表现形式编制标准体系表。标准体系结构图是标准体系表的核心，其编制应在对标准体系所描述的对象进行深入研究的基础上，按照产品实现专业分工的内在联系、逻辑关系、生产时序等进行编排，并做到目标明确、全面成套、层次恰当、划分清楚。

1983年德国出版的《标准化的体系关系》一书对德国标准（DIN）中的1500项方法标准进行了分析，提出了其中存在的问题并展示出一个合理的方法标准结构图，为标准体系结构图的最初版本。

10. 标准体系表的作用有哪些？

答：标准体系表的作用有以下六个方面：

（1）描绘出标准化工作的发展蓝图。对企业全部应具备的标准摸清底数，用图表形式直观地描绘出全面系统的发展规划蓝图，明确了企业标准化工作的努力方向和工作重点。

（2）完善和健全了现有的企业标准体系。通过研究和编制企业标准体系表，将现有标准有序地排列，研究摸清了标准相互的关系和作用，从而为调整、简化、完善、健全提供了基础。真正使企业标准体系实现简化、层次化、组合化、有序化和合理化。

（3）通过科学合理的制定企业标准体系表，明确现有标准的结构和远景规划蓝图，为科学地指导企业标准制定、修订、复审等计划、规划的编制和实现奠定了基础。

（4）通过编制企业标准体系表，系统地了解和研究国际标准和国外先进标准。我国国家标准、行业标准、地方标准、团体标准转化或采用国际标准和国外先进标准的基本情况以及现行标准与国际标准和国外先进标准之间的差距，从而在自己企业标准体系中编制企业标准，特别是为性能指标高于国家标准、行业标准的内控标准提出了相应的采用国际标准和国外先进标准的规划计划和要求，以寻求企业的发展和成功。

（5）企业标准体系表明的标准化水平，可以有效地指导营销、设计开发、采购、安装交付、生产工艺、测量检验、包装储运、售后服务等部门有效工作，及时向他们提供反映全局又一目了然的标准体系表，使他们能及时获得标准信息。

（6）有利于企业标准体系的评价、分析和持续改进。通过编制企业标准体系表，明确了体系中的关键和重点，指导编制有关标准的组织实施和对标准的实施进行有效监督，通过有目的有计划对企业标准体系进行测量、评价、分析和改进，有利于企业标准化的发展和进步。

11. 标准体系表是怎样构成的？

答：（1）标准体系结构图。用于表达标准体系的范围、边界、内部结构以及意图。通常标准体系结构包括标准之间的"层级"关系，逻辑顺序的"序列"关系以及他们的组合等。结构图中涵盖技术标准体系结构图、管理标准体系结构图、岗位标准体系结构图。

（2）标准体系明细表。是该标准体系标准的罗列，应包括现行有效标准、在编标准和待编标准。标准明细表在横向上主要包括这样一些栏目：序号、标准名称、标准代号和编号、实施日期、采标程度（用符号表示：等同采用——IDT；修改采用——MOD；非等效——NEQ）及被采用标准的编号、替代作废情况、备注等；在纵向上，一般按方框图给出的层次分类，每一类要有相应的体系编号和分类名称。

（3）标准体系表的编制说明。是对该标准体系的编制原则、依据、背景、目标、各子体系的划分原则、依据、内容和说明、与其他体系的关系、协调意见等。

（4）标准统计表。可根据不同的统计目的设置不同的统计项。

12. 标准体系包括什么内容？

答：（1）标准分类目录，用于列出标准的类别和相应的编号。这些信息通常在标准文件的封面和封底部分找到。

（2）技术类规范标准文件的内容应包含该项标准所涉及的全部技术内

容和要求，并应在文件中阐明与其他相关标准的相互关系。

(3) 企业内部使用的各类作业指导书组成，一般不纳入整体的企业标准体系范畴之内；但作为单独管理体系的文件如质量管理体系中的程序性文件则另当别论。

(4) 产品图纸等技术操作性强的直接体现产品质量的图样及其编制的各种技术条件等，是构成企业产品标准的重要依据。

(5) 与环境因素有关的各类标准体系之间存在密切的联系和融合，尤其体现在环境保护法律保护框架下的各种管理模式上以及它们之间的整合程度方，在体系内体现其之间的关联关系。

五、企业标准化和标准化良好行为企业

1. 什么是企业标准化？企业标准化有哪些内容？

答： 企业标准化是以提高安全经济效益为目标，为在企业的生产、经营、管理范围内获得最佳秩序，对实际的或潜在的问题制定共同的和重复使用规则的一种有组织的活动。

注意：

（1）上述活动尤其要包括建立和实施企业标准体系，制定、发布企业标准和贯彻实施各级标准的过程。

（2）标准化的显著好处是改进产品、过程和服务的适用性，使企业获得更大的成功。

企业标准化的一般概念应把握其是以企业获得最佳秩序和效益为目的，以企业生产、经营、管理等大量出现的重复性事物和概念为对象，以先进的科学、技术和生产实践经验的综合成果为基础，以制定和组织实施标准体系及相关标准为主要内容的有组织的系统活动。

企业开展标准化活动的主要内容如下：

（1）建立、完善和实施标准体系；

（2）制定、发布企业标准；

（3）组织实施企业标准体系内的有关国家标准、行业标准、地方标准、团体标准和企业标准；

（4）对标准体系的实施进行监督、合格评定并分析改进。

2. 企业标准化工作的作用有哪些？

答：企业是指从事生产经营活动，实行独立核算的社会经济单位。企业标准化是标准化工作的重要组成部分，是企业的一项综合性基础工作，是企业组织现代化生产的必要条件和实现专业化生产的前提，贯穿于企业整个生产、技术和管理活动的全过程。通过企业标准化活动的开展，企业可以在规范技术要求、统一管理内容、节约原材料和有效利用各类资源，

五、企业标准化和标准化良好行为企业

加快新产品的研发、缩短产品生产周期、稳定和提高产品与服务质量上，促进企业不断提升能力以及经济和社会效益等各方面起到重要促进作用。企业是标准化工作的基本出发点和最终落脚点。

企业标准化是企业管理现代化的重要组成部分和技术基础。企业标准化的作用具体表现在：

（1）建立秩序。建立企业内部（或整个供应链）的技术秩序；建立协调高效的管理秩序；建立可靠有效的工作秩序。

（2）确立目标。通过制定标准目标，使企业各项管理有依据。标准不仅对产品性能做出规定和要求，对相关原材料及备品配件的采购、生产工艺、操作规程和作业方法以及检验试验内容等都提出要求和指引。通过企业内的信息流传递到每一个管理或操作岗位，成为确立各级和各岗位目标的依据。

（3）优化资源。制定相关的原材料和辅助材料标准，使它们保持固定的状态和水准，最大限度地减少波动；制定与设备和装备有关的技术和管理标准，保持生产过程和产品质量的稳定；制定工艺和操作标准，有效地利用劳动资源，确保劳动的质量和劳动者的安全。

（4）创造效益。标准化最初被广泛应用于工业生产的一个重要原因，就是提高效率的需要；通过标准化建设对提高效率、降低成本、节约资源、提升有序生产能力等有重要作用，并从中获得效益。

（5）积累经验。标准在吸纳以往的经验时，不是照搬照抄，而是经过去粗取精、去伪存真的加工提炼，通过吸取别人（包括国外和竞争对手）的经验，使经验升华。用这样的标准去指导实践，是把实践提升到一个新的高度，坚持不懈地积累下去，企业便会一步步由弱变强。

（6）打造平台。通过建立企业标准体系，使企业的生产经营管理活动处于系统地最佳状态，把各项资源整合成一个高效率的生产经营系统，处理各项技术、管理之间的协调问题，确保实现集约化经营的平台。

（7）推动技术进步。通过标准化与信息化相结合，使生产经营管理的各环节和各岗位能及时获得并使用有效的标准化成果，推动企业技术革命

与进步。

3. 企业标准化工作开展的原则和依据是什么？

答：国家标准 GB/T 35778—2017《企业标准化工作指南》给出了开展企业标准化工作的原则、方法和内容，是电力企业开展标准化工作所应依据的指导性文件之一。在该标准中，给定的企业标准化工作开展包含以下内容：

（1）基本原则，包括需求导向、合规性、系统性、能效性、全员参与、持续改进等七个方面的内容，其中需求导向是核心。

（2）策划，从策划的内容、依据、要素三方面给出企业标准化工作策划的指引。

（3）标准体系构建，从体系构建总则和方法，引出企业标准体系表的概念。

（4）企业标准制修订，给出企业标准范围、程序和编写的要求。

（5）标准实施与检查，从标准实施和监督检查两个方面强调了企业标准重在实施。

（6）参与标准化活动，鼓励企业更多地采用国际标准和国外先进标准以及走出企业，参与到团体、行业、国家乃至国际标准化活动中。

（7）评价与改进，给出评价的规则和方式，改进的内容、措施、方法等应以企业标准的形式加以固化。

（8）标准化创新，一是依据竞争环境的变化代替传统的标准化管理模式；二是创新要以更好地满足顾客的期望和需求为中心；三是标准化创新是企业管理创新的重要组成部分。

（9）机构、人员和信息管理，从企业标准化工作的机构、人员以及信息三个方面，提出企业标准化工作的支撑要点。

4. 电力企业开展标准化工作主要依据哪些标准文件？

答：电力企业开展标准化工作依据的标准文件主要有：

（1）GB/T 35778—2017《企业标准化工作指南》，企业标准化工作的指南性文件，遵循国家标准的指引，开展电力企业标准化的基础建设工作，可以为电力企业标准化工作在与国家要求保持一致的同时，少走弯路。

（2）DL/T 485—2018《电力企业标准体系编制导则》，电力企业标准体系建设的指导性文件。该标准在国家标准要求的指导下，做了创新性的修改和调整，使之更加切合电力企业生产、经营和管理的实际。

（3）DL/T 800—2018《电力企业标准编制导则》，企业标准编写的要求。GB/T 1.1—2020《标准化工作导则 第1部分：标准化文件的结构和起草规则》是国家（行业）标准的编写要求，其中诸多内容过于理论和复杂。企业标准以直接解决实际问题为宜，DL/T 800—2018《电力企业标准编制导则》给出电力企业编写技术、管理和岗位要求所应关注的内容。

（4）DL/T 2594—2023《电力企业标准化工作 评价与改进》，企业标准化工作的评价和改进的要求。该标准给出了检验企业标准化工作的方法，并提出企业标准化工作改进的模式。

（5）DL/T 1004—2018《电力企业管理体系整合导则》，企业标准体系整合的方法。当企业开展了多项不同的标准体系建设，如质量、环境、职业健康等，由于各类体系在构建时有共通的要求，但又有各自的侧重或关注点，因此，如何进行合理的整合，便是本标准给出的核心内容。

5. 企业标准化工作的主要任务是什么？

答：企业标准化工作的主要任务概括起来主要有以下几项：

（1）贯彻执行并监督实施国家和地方有关标准化的法律、法规、方针和政策。

（2）实施技术法规、国家标准、行业标准和地方标准。

（3）制定和实施企业标准。

（4）对标准的实施进行监督检查。

6. 对标准化管理人员有哪些要求？

答：企业对标准化管理人员的工作概括起来主要有以下具体要求：

（1）熟悉并执行国家标准化工作的方针、政策、法律、法规和上级有关标准化管理方面的规定。

（2）熟悉本企业的生产、技术、经营管理现状，具备从事标准化工作所需的标准化知识，熟练掌握并运用到实际工作中。

（3）积极参加外部组织的标准化相关知识培训，定期组织本单位和部门工作人员进行标准化知识的培训和学习。

（4）编制本单位的标准化工作计划，编制好的标准化工作计划报集团公司标准化中心备案存档。

（5）负责制定、修订本单位和部门标准，按期完成标准编制的拟订、报送与初审工作。

（6）对本单位标准实施情况进行监督、检查，并对标准化工作进行指导。

（7）负责建立与完成标准化档案工作。

（8）负责汇报标准化工作计划执行情况，做好标准化工作总结。

（9）做好本部门、本单位标准化工作方面的内外沟通、协调工作。

7. 标准化信息资料的收集范围有哪些？

答：标准化信息资料的收集范围包括：

（1）企业生产、经营、科研、外贸等方面所需要的各种现行有效的各级标准、规范和规程文本。

（2）国内外有关的标准化期刊、出版物、专著。

（3）国家和地方有关标准化的法律、法规、规章和规范性文件。

（4）有关的国际标准、技术法规和国外先进标准的中外文本。

（5）其他与本企业有关的标准化信息资料。

8. 什么是标准档案？企业如何建立标准档案？

答：标准档案是指有价值的各种文件、材料，大体包括：图表、文字材料、计算材料、音像制品、标样或其他硬拷贝、电子媒体等。建立的基本步骤如下：

（1）鉴定挑选，按照归档范围对收集齐全的文件材料进行鉴定甄别，剔除无保存价值的，把同一类型的标准或同一类型的标准材料归类放到一起。

（2）组卷排列，按照时间排序，分门别类，在每种文件中有文字材料和图纸的，文件材料在前，图纸在后。

（3）按照规范和要求编页号。

（4）填写卷内目录，以便于查找。

（5）填写卷内备考表。

（6）确定卷内标题。

（7）做好保存和移交工作。填写移交清册一式两份，交接双方人员，清点准确后，在移交清册上签字确认，各执一份。

9. 标准档案管理有何意义？

答：标准档案是国家档案的重要组成部分，所以管理标准档案对标准化工作是十分必要的。对企业从发展角度看，它记载着企业标准化工作的从无到有的进程；从企业的实用角度，它是企业标准化工作的参考和依据。

10. 标准档案的作用是什么？

答：标准档案具有如下基本作用：

（1）在制定、修订标准或者更改废除标准时，需要利用原有的档案为依据。

（2）在制定同类型标准、综合性标准和各种规范手册时可作为依据。

（3）标准在贯彻执行过程中，在标准化工作开展过程中，遇有质疑或者争议问题时，标准档案具有考察和依据的作用。

（4）标准档案是研究标准化发展史、建立标准体系、衡量标准体系和标准化水平的原始材料。

11. 何为标准化良好行为企业？

答： 标准化良好行为是指所有的标准化机构开展活动均应遵循相关的规范。同理，标准化良好行为企业就是指企业开展标准化工作应遵循的规范。这个规范就是《企业标准体系》系列国家标准。国家标准化管理委员会编写的《标准化良好行为活动实施指南》中为"标准化良好行为企业"给出的定义如下：

按照《企业标准体系》系列国家标准的要求，运用标准化原理和方法，建立健全以技术标准为主体，包括管理标准、管理标准、岗位标准在内的企业标准体系，并有效运行；生产、经营等各个环节已实行标准化管理，且取得了良好经济效益和社会效益的企业。

上述定义的基本点是：

（1）创建活动内容是企业按照《企业标准体系》系列国家标准建立标准体系，且有效运行。

（2）创建活动业绩是创建企业的各管理环节均实行了标准化管理，且取得了良好经济效益和社会效益。

由此可见，企业创建标准化良好行为就是按照《企业标准体系》系列国家标准建立健全企业标准体系，使企业各管理环节实现标准化管理。开展创建活动是为了更好地推动建立健全企业标准体系。即使企业不为获得《标准化良好行为企业》证书，作为企业管理的基本方法，也必须开展创建标准化良好行为活动，因为建立健全企业标准化体系是各个企业的基础管理工作。

这里所说的《企业标准体系》系列国家标准主要包括：GB/T 15496—2017《企业标准体系要求》、GB/T 15497—2017《企业标准体系产品实现》、GB/T 15498—2017《企业标准体系 基础保障》、GB/T 19273—2017《企业标准化工作评价与改进》、GB/T 13016《标准体系构建原则和要求》、GB/T 13017《企业标准体系表编制指南》、GB/T 35778—2017《企业标准化工作指南》。

12. 电力行业如何确定标准化良好行为企业的级别?

答：标准化良好行为企业称号的获得，由企业申请，经国家标准化管理委员会或地方政府的标准化主管部门或其授权的单位组织审核确认，其方式是以审核得分的多少定级别。电力行业标准化良好行为企业的级别，按照 DL/T 2594—2023《电力企业标准化工作 评价与改进》评分标准有五个级别。

电力企业标准化工作（标准体系）评价基本分为 450 分，加分项为 50 分；总分满分 500 分。按照得分多少分为以下五级：

A 级：总分评分达到 300 分以上。

AA 级：总分评分达到 350 分以上。

AAA 级：基本分 400 分以上或基本分评分不低于 390 分且加分项评分达到 15 分以上。

AAAA 级：基本分 420 分以上或基本分评分不低于 410 分且加分项评分达到 20 分以上。

AAAAA 级：基本分 435 分以上或基本分评分不低于 430 分且加分项评分达到 30 分以上。

13. 开展标准化良好行为企业建设的步骤有哪些?

答：开展企业标准化工作的步骤包括：

(1) 建立企业标准化管理机构。

(2) 制定标准化方针和目标。

(3) 组织标准化培训。

(4) 编制企业标准化管理规定。

(5) 建立企业标准体系。

(6) 编写企业技术标准、管理标准、岗位标准。

(7) 开展企业标准体系自我评价。

(8) 申报标准化良好行为企业确认。

14. 怎样建立企业标准化管理机构?

答：企业应根据生产、技术和经营管理等需求，确定标准化管理机构。建议以下机构形式：

(1) 企业设专职标准化管理机构（如标准化办公室、处、科），在主管领导或总工程师的领导下，统一管理整个企业的标准化工作，在各有关职能管理部门和车间设标准化组织或专兼职标准化人员负责本单位的标准化工作，业务上受企业标准化机构的领导。

(2) 设立以主管领导或总工程师为首，各部门负责人参加的企业标准化委员会，负责重大问题的讨论、审批和决策。

(3) 对于未设专门职能部门的，可指定有关管理部门统一（或分别）负责企业标准化工作，重大问题由企业领导审批和协调。

15. 企业标准化委员会的主要任务和组织形式特点是什么?

答：(1) 企业标准化委员会。标准化委员会是标准化管理的领导和决策机构，标准化委员会主任由企业法人代表或委托有关工作负责人担任。

(2) 企业标准化委员会的主要任务是：对企业标准化工作负责组织、研究、协调标准化的规划、计划及工作方案，对重大问题（如标准的立项和审批、报批等）的决策。

(3) 企业标准化委员会的组织特点。企业标准化委员会是标准化管理组织形式，而不是一个具体的职能部门，它的决定要通过标准化管理职能部门去具体实施。

16. 企业标准化委员会职责是什么?

答：企业标准化委员会职责概括起来主要有以下几项：

（1）贯彻国家和地方标准化工作的方针、政策、法律、法规，确定与本企业方针目标相适应的标准化工作任务和指标。

（2）审批标准化工作规划、计划及其重大问题，批准标准化活动经费。

（3）审批企业标准。

（4）负责组织对企业标准体系的评审。

（5）对推动企业标准化工作做出贡献的单位和个人进行表彰、奖励。对不认真贯彻标准、造成损失的责任者按规定进行处分。

17. 企业标准化办公室（处、科）的职责是什么？

答：企业标准化办公室（处、科）的职责概括起来主要有以下几项：

（1）贯彻国家和地方标准化的方针、政策、法律、法规，组织编制本企业标准化工作规划和计划；

（2）制定或组织制定、修订企业标准，建立企业标准体系；

（3）组织宣贯实施有关的国家标准、行业标准、地方标准、团体标准和企业标准；

（4）组织对本企业实施标准的情况进行监督、检查；

（5）参与研制新产品、改进新产品、技术改造和技术引进的标准化工作，提出标准化要求，负责标准化审查；

（6）做好标准化效果的评价与计算，总结标准化工作经验；

（7）统一归口管理各类标准、建立档案，搜集国内外标准化信息资料；

（8）对本企业有关人员进行标准化培训，对有关部门的标准化工作进行指导；

（9）承担上级委托的有关标准化的其他工作。

18. 企业标准化各部门的职责是什么？

答：企业标准化各部门的职责概括起来主要有以下几项：

（1）组织本部门完成上级或标准化委员会下达的标准化工作任务和指标；

(2) 组织实施与本部门、本单位有关的标准，并对实施的符合性负责；

(3) 按照管理标准和岗位标准对所属人员进行考核、奖惩；

(4) 及时向标准化委员会反应有关情况，提供信息。

19. 如何制定标准化方针和目标？

答：制定企业标准化方针和目标的依据是企业总的生产经营方针和目标。企业的标准化方针由企业的最高管理者提出并发布；企业的标准化目标由标准化办公室（处、科）会同相关职能部门按照要求和标准化方针，在分析历史数据的基础上制定，由企业最高管理者批准后发布。

企业的标准化方针应是：

(1) 企业标准化发展的方向与远景要求。

(2) 具有战略性、纲领性。

(3) 为制定与评审目标提供框架。

企业的标准化目标可以按照年度制定，一次最多不超过三年。主要包括以下几个方面：

(1) 提高产品和服务质量。通过建立和实施企业标准化体系，确保产品和服务符合相关标准和规范，提高质量的稳定性和可靠性。

(2) 增强企业的竞争力。标准化工作要有助于提升企业的管理水平和运营效率，降低成本，提高市场竞争力。

(3) 提升客户满意度。提供一致、高质量的产品和服务，满足客户要求，增强客户满意度。

(4) 促进企业创新。标准化工作为企业的创新提供基础和指导，推动技术进步和业务创新。

(5) 强化内部管理。建立规范化、标准化的管理流程和制度，提高企业内部管理的科学性和有效性。

(6) 符合法规要求。确保企业的生产经营活动符合国家法律法规和行业标准，避免合规风险。

具体的标准化目标应根据企业的实际情况和需求进行定制，要确保与企业战略、发展目标和标准化方针保持一致，同时在制定标准化目标时，应设立一定时期内的可测量的量化指标和阶段性的评估，为标准化工作的评价与改进工作奠定基础，从而实现标准化目标。

目标不是口号，是通过努力可以实现的，应可以按期考核。所以可将目标按照时间顺序和内容分解展开实施。

20. 如何组织标准化培训？

答：标准化工作专业性强，涉及企业全体员工，应有计划、分时段、分对象有目的地组织培训。其基本要求如下：

（1）各级管理者应熟悉有关标准化法律法规和方针政策；了解标准化基础知识；熟悉并掌握管辖范围内的各类标准，应能贯彻和应用。

（2）专兼职标准化人员应达到上岗要求。

（3）其他各类人员应能熟悉应用与本职工作有关的技术标准、管理标准和岗位标准。

培训形式按照对象不同、要求不同，可分别采用以下形式：

（1）送高等院校相关专科或者专业进修。

（2）参加相关系统组织的专业培训班。

（3）参加本企业组织的专项或者专题培训。

（4）组织专题研讨、交流活动。

（5）制定自修计划，领导定期考核。

培训工作应为企业标准体系水平确认提供年度培训计划、培训实施记录、培训统计等证据。

21. 怎样编制企业标准化管理规定？

答：企业标准化管理规定是企业满足 GB/T 15496—2017《企业标准体系 要求》采取的措施规定，是企业标准化工作的纲领性文件，是企业开展标准化工作的基础标准。

内容要求完全符合 GB/T 15496—2017《企业标准体系 要求》中各章的内容,以下内容是不可缺少的:

(1) 企业的标准化工作体制、机构、任务、职责、工作方法与要求。

(2) 企业标准的制定、修订、复审的原则、工作程序及要求。

(3) 企业实施标准及对其进行监督检查、评价的程序与要求。

(4) 标准化信息的收集、管理和使用程序与要求。

(5) 标准化规划、计划编制程序与要求。

(6) 标准化培训的任务、目标、方法与要求。

(7) 标准化成果评定、奖励程序与实施。

编制过程中,一般企业可从一份管理标准文本出现,名称可以是:企业标准化管理规定、企业标准化管理制度、企业标准化手册等。内容按照 GB/T 15496—2017《企业标准体系 要求》中要求的顺序,对每一项要求做出实施的措施规定;凡是内容较多的,则另行编制一份支持性标准,如:标准化培训等。这些支持标准作为本标准的规范性引用文件,这样形成一份综合性管理标准和多份支持性管理程序的组合。

大型企业或者过程较复杂的企业,可以规划编制系列标准,逐步完成与完善。

22. 建立企业标准体系的基本原则是什么?

答:建立企业标准体系的基本原则:

(1) 目的性原则,该原则是基本原则。企业在着手建立体系之前,应在标准化目标的指导下,理顺关系和思路,在统一认识的情况下开展后续工作。应充分认识的标准化是企业管理的基本手段,打好工作基础。标准化的目的是追求最佳秩序和最大利益,通过实施企业标准体系,使企业各项管理达到法制管理的要求。

(2) 系统性原则。企业标准体系要体现系统效应,必须按照系统特性建立，必须是全员参与，全过程、全方位管理。

（3）结构性原则。通过标准体系表的设计，选择最优化的标准体系结构。针对体系的集成模式、板块模式、简易模式三种模式，其结构性原则应体现以下内容：

1）不是简单的标准文本的堆积，而是相互关联的标准的集成。

2）结构核心是产品标准，其外围是技术标准，配套的是管理标准，保证实施的是岗位标准。

3）基层的标准为个性标准，多个个性标准的共性提到上一个层次。

（4）协调性原则。为了达到标准体系的整体性要求，必须通过协调性原则使其达到：

1）体系内的标准互相兼容、协调。同一层次或上下层次的标准之间应达到，各子体系之间也应达到。

2）融入其他专业管理体系的全部内容，避免重复。

3）选用和制定的标准均不违反国家有关法律法规和强制性标准要求。

（5）科学性原则。建立现代企业标准体系，组织或者企业必须通过学习，借鉴当前先进管理模式和思想理念。

23. 企业标准体系表的基本内容构成是什么？

答：企业标准体系表是企业现有标准和预计应发展的标准的全面蓝图。建立企业标准体系，首先要研究和编制企业标准体系表，其研究和编制过程也是企业标准体系的构建过程。企业标准体系表也是指导企业标准实施和评估企业标准化水平的重要方法和工具。因此，企业标准体系表的编制是建立企业标准体系的基础工作。

企业可采用不同的标准体系结构，但无论哪种结构，其企业标准体系表的内容基本包括：

（1）企业标准体系结构图；

(2) 技术标准体系结构图；

(3) 管理标准体系结构图；

(4) 岗位标准体系结构图；

(5) 标准明细表（每一个子体系一份）；

(6) 标准统计表（标准汇总表）；

(7) 编制说明。

以一个火力发电企业标准体系结构图（见图 5-1）、技术标准体系结构图（见图 5-2）、管理标准体系结构图（见图 5-3）、岗位标准体系结构图（见图 5-4）为例（火力发电企业的企业标准体系构建是参照 DL/T 485—2018《电力企业标准体系表编制导则》编制）。

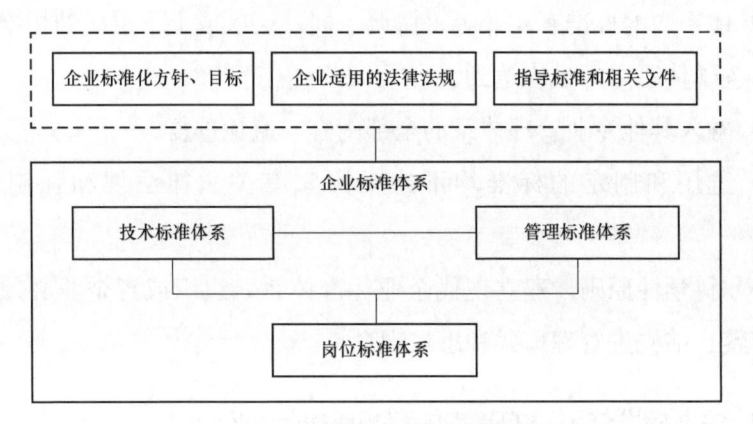

图 5-1　××火电企业标准体系结构总图

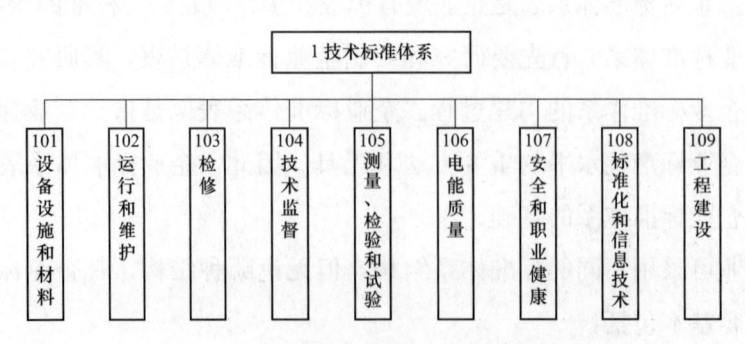

图 5-2　×××火电企业技术标准体系结构图

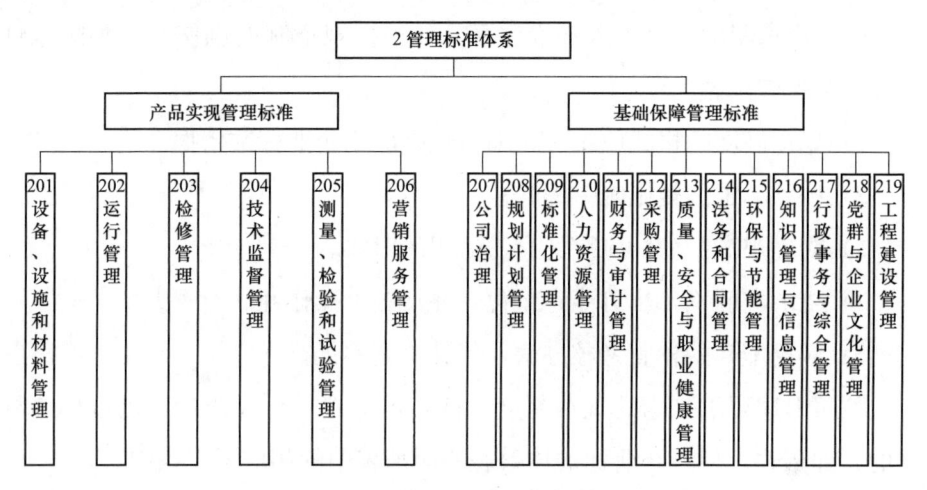

图 5-3 ×××火电企业管理标准体系结构图

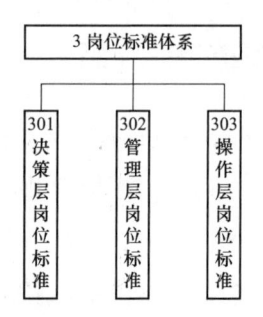

图 5-4 ×××火电企业岗位标准体系结构图

24. 编制企业编制体系表时需要注意哪些问题?

答: 企业编制标准体系表过程中,有一些问题应统一认识。

(1) 纳入企业标准体系的标准应是确实有用的标准。

1) 在编制标准体系表的时候,不应将手头已有的标准,不加分析和辨识,统统地纳入企业标准体系表中来,而忽略对企业正常运行中应该要有的标准,包括待收集和待制定的标准。

2) 收入的标准避免出现重复现象。

3) 规范性引用文件,也不一定都要纳入标准体系中。

4) 关联但不用的标准,可以不列入体系表。

（2）规章制度可否纳入标准体系。如果把规章制度也作为一种规范性文件，至少应该做到：

1）规章制度的格式应统一，编写规则应用企业标准依据。

2）按照一定的规则统一编号。

3）明确规章制度的应用场合、适用的对象。

4）要求应明确，尽可能定量化，并具有可操作性。

5）应用配套的检查考核办法，使其落到实处。

按照上述要求制定的规章制度，符合规范性文件要求的，可以作为标准的一种形式，列入企业标准体系表的明细表中的相应子体系中。

（3）下属单位制定的标准一般也要纳入企业标准体系。

25. 编制标准明细表应注意哪些方面？

答：（1）企业标准体系表中的所有标准，按照体系表中的排列顺序从技术基础标准子体系开始一一列出。不应只将标准汇编本的标题或几个标准合一列到明细表中。

（2）为了便于查找，各个子体系的标准排列应有序，有规律。同类标准应按照标准号的顺序排列。

（3）编制明细表建议用适用的电子表格的格式，它可以有统计、排序功能，可以便捷地建立标准数据库，方便检索和模糊查询。

（4）每一子体系内的标准编写完了，宜另起一页编写或者空行再编排另一子体系的标准，或用醒目的方式将每个子体系的名称写在开头，下面列出这个子体系的标准，使明细表每个单元更加清晰。

（5）企业执行的标准都应是现行有效的标准，强制性标准一定要执行现行有效的标准。使用被代替的旧版本时，应研究是否尽可能使用这些文件的最新版本。

（6）明细表中标准名称的填写应完整，不能省略名称中的引导要素或补充要素。

(7) 一般来讲，适用的标准只列在明细表中的一处，不要重复列出。

(8) 可以预见到的、将来发展所需要的标准，均应纳入明细表，并在"备注"中注明。

26. 标准体系表编制说明的内容有哪些？

答：编制说明是对标准体系表的编制思路、原则、使用方法和实施要求等内容作出的文字说明，主要内容是：

(1) 编制体系表的依据及要达到的目标。

(2) 与DL/T 485—2018《电力企业标准体系表编制导则》这个行业标准规定的差异及原因，与企业实际生产、服务的符合性。

(3) 结合统计表的数据，分析现有标准与国外或国内同行业主要竞争对手的差距和薄弱环境，明确今后标准化的主攻方向和主要任务。

(4) 与其他体系交叉情况和处理意见，如是否需要资源重组、机构重新配置，实施标准体系需要配套的措施等。

27. 电力企业技术标准体系的内容有哪些？

答：电力企业技术标准体系一般是由国家标准、行业标准、地方标准、团体标准和企业标准构成。目前，电力技术标准已基本覆盖电力设计、施工、调试、生产运行、检修、试验等主要过程，各电力企业在构建技术标准体系和技术标准制定中，需要结合本企业生产、设备、地域、规模大小、资源等情况，首先在国家标准、地方标准、行业标准、团体标准中识别、确定本企业适用的标准，再结合企业实际确定需要自行制定企业技术标准，并按其生产过程、内在的联系组成有机整体，形成本企业技术标准体系，通过技术标准体系运行发挥技术标准的系统效应，从而有力地保证安全稳定可靠运行。因此，各电力企业应有计划地开展各级各类标准的收集工作，跟踪好国家标准、地方标准、行业标准和团体标准的发布、废止信息，根据自身的发展情况，收集标准化信息，收集企业需要执行的各级标准，经综合整理，制定企业制（修）订技术标准的计划，制定技术标准，推进企业标准化工作。

电力企业建立技术标准体系，可结合本企业实际，对 DL/T 485—2018《企业标准体系表编制导则》提供的技术标准体系结构进行删减、增补或组合等，在确保与本企业生产（服务）、经营、管理实际契合的基础上，收集需要执行国际标准、国家标准、地方标准、团体标准、上级主管部门的标准和自行制定的企业标准，纳入技术标准体系，并通过实施，有效促进企业的技术进步和经济效益的提高。

28. 编写电力企业技术标准有哪些要求和内容？

答：编写电力企业技术标准要求如下：

（1）国家标准、行业标准、地方标准、团体标准中部分内容适用于企业，可转化为企业标准，或对其内容进行细化，将其转化为企业标准，也可直接引用。

（2）企业产品实现/服务提供过程中无标准可依时，应制定企业技术标准。

（3）企业技术标准宜严于国家标准、行业标准、地方标准、团体标准和上级机构技术要求。

编制原则如下：

（1）应根据不同技术对象特征及其制定的目的，确定技术标准的主题内容。

（2）标准条文应规定需要遵守的准则和达到的技术要求以及采取的技术措施，应考虑消除危险、降低风险、防止污染、保护环境等要求。

（3）定性和定量应准确，并应有充分的依据。

（4）标准条文应协调，相关的标准内容之间不得相互抵触。

（5）对过程进行时序、顺序规定时，其要求的方法、步骤、时限等应明确表述。

(6) 技术标准不应引用企业管理标准和岗位标准。

(7) 编写作业指导书时，还宜符合以下要求：

1) 按对应作业编制；

2) 收集相关技术标准和规定，识别各作业步骤中应执行的条款、内容和要求，提取并对接到相应的作业步骤中表述；

3) 充分吸收现场作业经验，采用和吸收技术创新成果；

4) 作业步骤宜有表、单（卡）和记录。

29. 电力企业管理标准体系的内容有哪些？

答：电力企业管理标准体系构成形式，应与相应技术标准协调一致。不同类型电力企业要根据本企业生产经营特点和需要建立管理标准体系。DL/T 485—2018《企业标准体系表编制导则》给出了管理标准体系结构形式表，涵盖了不同类型电力企业主要的管理活动，各类型电力企业可根据企业经营内容，按照设计、施工、发电、供电、科研等典型企业管理标准体系结构，进行组合、删减和增补构建。DL/T 485—2018《企业标准体系表编制导则》提供了为电力企业建立管理标准体系的标准化结构参考模型，为企业建立本企业具体的标准体系结构图提供借鉴和参考。

DL/T 485—2018《企业标准体系表编制导则》给出的电力企业管理标准体系由产品实现管理标准体系和基础保障管理标准体系组成。结构图如图5-5所示。

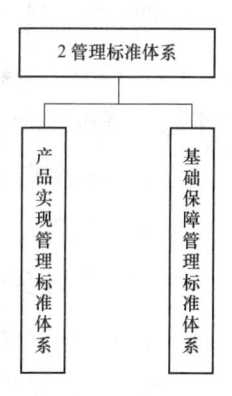

图5-5 电力企业管理标准体系结构图

30. 编写电力企业管理标准有哪些要求和内容？

答：编写电力企业管理标准要求如下：

(1) 管理标准主题内容应包括管理职责、管理活动内容、方法和要求。

(2) 管理标准应体现对业务管理策划、执行、检查和处置的全过程，按业务流程对管理活动的内容和方法等进行表述。

编写的内容应包括：

(1) 管理职责。

1) 应明确管理活动的主管领导、责任部门、协作部门的职责。

2) 职责的描述宜采用"负责＋过程或接口事项的主题名称"的形式。

(2) 管理内容、方法和要求。

1) 根据管理活动的特点或类别，可采用一章或多章表述。

2) 管理标准宜按照下列要求编写：

① 详细规定该管理活动所涉及的全部内容和应达到的要求，采取的措施和方法应与管理职责相对应。

② 列出开展活动的输入环节、转换的各环节和输出环节内容。包括物资、人员、信息和环境等方面应具备的条件，以及与其他活动接口的协调措施。

③ 明确每个过程中各项工作由谁干、干什么、干到什么程度、何时干、何地干、怎么干以及为达到要求如何进行控制，并注明需要注意的例外或特殊情况；必要时可辅以程序或流程图，流程描述与管理内容描述一致。

④ 管理要求宜量化，不能量化的要求应用可比较的特性表述。

⑤ 规定管理活动报告和记录的形成、传递路线。

(3) 报告和记录清单。

1) 应列出本标准形成的所有报告与记录的清单，宜包括报告和记录的编号、名称、保存期限、保存机构。

2) 应规定报告和记录的统一格式。报告和记录较多时，可在附录中规定。

31. 电力企业岗位标准体系的内容有哪些？

答： 电力企业岗位标准体系是企业为实现企业管理标准体系有效落地所执行的，以岗位作业为组成要素的标准化文件按其内在联系形成的科学的有机整体，是企业标准体系的组成部分。

岗位标准的制定，实际上是把企业所有的技术标准和管理标准对接到具体岗位的过程，既是对岗位工作标准化的过程，也是把企业技术事项、管理事项与岗位有机结合成一个整体的标准化管理的过程。通过岗位标准，把管理环节中的接口关系、接口条件、接口职责进一步明确，把工作中应实施的技术标准、标准化作业指导书等与相应的岗位挂钩，明确到岗位标准中，以此，把各岗位的工作与企业技术标准和管理标准的内容、要求和方法进行统一，消除不必要的、不合理的工作程序和内容，构建企业管理的系统性，发挥管理整体性功能。

32. 编写电力企业岗位标准有哪些要求和内容？

答：电力企业岗位标准编写要求如下：

（1）岗位标准的主题内容应包括岗位职责、岗位人员资格要求、工作内容和要求、检查与考核。

（2）岗位标准应按企业设定的岗位编制，每个岗位都应有岗位标准，各岗位职责划分明确。

编写的主题内容如下：

（1）岗位职责。

1）应明确岗位的职责。

2）职责的描述宜采用"负责＋事项的主题名称"的形式。

（2）岗位人员资格要求。应明确岗位人员的任职要求，包括但不限于：

1）教育背景，从事该岗位应具有的文化水平、最基本学历要求。

2）工作经验，从事该岗位应具备的最基本工作经验要求，包括相关专业经历。

3）知识和技能要求，从事该岗位所需达到的职称（技能等级）、工作技能、专业知识、管理知识、操作水平等一系列专业资质要求。对从事特殊作业的岗位，应明确需持有的相应资格证书。

（3）工作内容和要求。岗位标准应以技术标准和管理标准为依据。当技术标准体系和管理标准体系中的标准能够满足该岗位作业要求时，岗位标准可在内容和要求中直接引用。

当技术标准体系和管理标准体系中的标准不能满足该岗位工作要求时，应按照下列要求编写：

1）每个岗位按工作流程明确输入环节、转换的各环节和输出环节的内容，包括物资、人员、信息和环境等方面应具备的条件，并与其他工作（作业）接口相协调。

2）明确每个环节转换过程中的各项因素，以及要达到的要求，说明需要注意的任何例外或特殊情况。

3）有特殊要求的岗位，应按照国家有关部门颁布的规定制定。

4）岗位工作宜量化质量、数量和时间的要求。

（4）检查与考核。检查与考核应明确内容、责任人、周期、时间。

33. 决策层、管理层、操作层人员岗位标准控制的主要对象分别是哪些？

答：依据岗位的层级，岗位标准一般可分为决策层、管理层、操作层三个层面，这三个层面的主要对象如下：

（1）决策层岗位标准。

1）最高决策者岗位标准。最高决策者是相对而言的，某一个大型电力企业的决策层一般指董事长、总经理、大厂长等。对于大型企业的管理层，例如，某分公司，又可能是一层组织，该分公司厂长在大型企业中是管理人员，但作为又一级组织即该分公司，他又是决策者。因此，决策层是相对而言，当定下来决策者后，便可以再划分管理层和操作层。如厂长是决策者，则部门就是管理层，而操作者即为操作层。在这里可以将厂长作为最高决策者。

2）决策层人员岗位标准。决策层除包括最高决策者以外，还包括参与决策的其他主要人员，例如，副董事长、总工程师、副总经理、工会主席、纪委书记、总经济师、总会计师等，在企业中这些人员应属决策层其他人员，对这部分岗位应该分别制定决策层各个人员的岗位标准。

（2）管理层岗位标准。

1）中层管理人员岗位标准。中层管理人员一般泛指管理层中部门的负责人，例如，部门主任、支部书记，也包括副职在内，对这些职务都应给予制定具体的岗位标准。

2）一般管理人员岗位标准。一般管理人员泛指管理层各部门专门负责某一项专业工作的人员，例如财务会计、某专业技术专职、仓库管理员、人力资源考勤专职等等。每一个岗位都应制定出岗位标准。

（3）操作层岗位标准。

1）特殊过程操作人员岗位标准。特殊过程操作人员包括锅炉工、机动车司机、焊工、电工、起重机司机、探伤工等，对这些工种应参照国家有关部门颁布的规定制定相应的具体的岗位或作业标准。其中往往需要将这类特殊工序过程所需的技术要求也纳入岗位标准中。

2）一般操作人员岗位标准。在现场各类操作人员，如运行部门巡操、检修部门的检修工等都应分别建立岗位标准。

34. 岗位标准与技术标准、管理标准之间的关系是什么？

答：岗位标准保障了与本岗位有关的需要本岗位实施的企业技术标准和管理标准的有效落地，企业技术标准体系中的每一项技术标准和管理标准体系中的每一项管理标准中的节点要求都要对应落实到相应的岗位标准中进行再明确和规定，用岗位标准确保企业技术标准体系和管理标准体系的实施。因此，岗位标准应与企业技术标准、管理标准相协调。

其相互关系与协调性表现在：企业某一个岗位的岗位标准是该企业所有管理标准涉及该岗位应实施的管理要求和技术要求的集合。因此，岗位标准体系应与企业组织机构和岗位定编保持一致，每一个岗位都应制定岗位标准，岗位标准体系应完整、齐全，全面落实企业技术标准体系和管理标准体系。

企业的技术标准体系规定了企业应实施的所有技术标准，企业应对这些技术标准明确规定在什么地方实施或在哪个环节实施或在什么设备上实施，以及由哪个岗位负责实施、什么时间或时机实施、如何实施、谁负责监督检查考核实施的效果等，这些实施要求应通过相应的管理标准进行规定，用管理标准明确管理流程中的哪个技术环节用哪个技术标准控制和由哪个岗位负责，这个技术环节和应执行的技术标准及其相关的管理要求，就要对应明确到该岗位的岗位标准中。因此，企业岗位标准体系在技术标准体系和管理标准体系的下一层，岗位标准实施的是企业技术标准和管理标准中相应的规定。或对其规定的展开和细化，是受技术标准和管理标准制约的下一层标准。所以，制定岗位标准的目的，是保证技术标准和管理标准的有效实施。

岗位标准描述的内容主要包括：岗位的职责、岗位能力要求、工作内容、要求和方法、检查、监督与考核以及相关记录表格等有关的重复事物的概念。因此，岗位标准的内容远远超出了企业通常的"岗位职责"。

35. 企业如何开展标准体系自我评价工作？

答：自我评价是企业对其建立并实施的企业标准体系自主地进行检查获得客观的证据，以证实企业标准体系的适宜性、充分性、有效性而进行的系统、正式的客观评审。

企业标准体系符合适宜性、充分性、有效性的主要评价内容：

适宜性——主要评价企业标准体系是否满足国家或行业对该企业相关的法律法规要求，包括强制性标准的要求；是否满足企业生产、经营、管理总的方针目标的要求。

充分性——主要评价企业标准体系包括的各项标准是否充分满足或覆盖生产、技术、经营、管理要求；包括安全、卫生、健康、节能、环保、信息等要求，做到技术先进、管理有效、工作有序。

有效性——主要评价企业标准体系内的标准是否在企业生产、经营、管理中都能有效实施，取得标准化效果。通过对标准实施的合格评定及监督证明符合要求，尤其是标准体系实施中存在的或潜在的问题是否采取了有效的纠正和预防措施，推动了企业标准体系的持续改进。

（1）自我评价的时机与组织形式。在企业的标准体系建立后，标准发布并有效实施三个月后，企业可组织开展标准体系自我评价工作。自我评价工作，每年至少安排一次。

一般企业可采取集中式评价。即是成立一个评价组（可分为几个小组）集中时间对企业各个职能部门、生产经营单位和全部管理活动完成全面评价。

（2）对评价人员的基本要求。企业标准体系自我评价人员应经过企业标准化主管部门或其授权单位组织的培训，应取得相应资质证书的人员。

（3）自我评价基本程序。

1）制定自我评价计划。

2）成立评价小组，小组成员包括标准化管理者代表，适当数量的有资质的人员，并确定一名组长。

3）评价准备资料：

① 评分表；

② 企业标准体系检查记录表；

③ 不合格报告表；

④ 企业自我评价评分表；

⑤ 企业标准体系自我评价报告。

4）评价实施。

① 首次会议。首次会议由评价组长主持，评价组成员及各受评价部门代表参加。会议应按照评价计划，说明实施细节；宣布分工检查人员、地点和时间安排；需解答有关疑问。

② 做好分工检查、记录、评分工作，对不符合项填写检查记录表。

③ 评价完毕由组长召集小组内部会议。会议应交流评价情况；对不符

合项讨论认定后填写不合格报告表；对整体评价进行汇总分析，填写评价评分表。

④ 各评价成员针对不合格报告表与受评价部门负责人进行交流。确认后应分析原因，制定纠正措施，并确定整改完成期限。

⑤ 末次会议。末次会议由评价组长主持，评价组成员及各受评价部门代表参加。会议应宣布评价结果和不合格项；提出整改要求。最后由受评价单位表态。

5）编写自我评价报告。评价组长汇集所有评价信息编写自我评价报告。报告内容应包括：评价实施概况，企业标准体系业绩，不合格统计与分析，纠正措施制定，实施与验证，今后的任务及努力方向。

36. 如何申报标准化良好行为企业？

答：企业在申报标准化良好行为企业时，企业标准体系应正式发布，标准持续实施三个月及以上。

企业申请确认时应提供以下文件，一式四份：

（1）电力企业标准化良好行为确认申请表。

（2）电力企业标准体系自我评价相关文件。

（3）电力企业标准体系表（包括体系表编制说明、层次结构图、明细表、统计表）及标准体系文件（包括企业标准化管理办法、标准体系运行批准文件）。

（4）企业组织管理机构图或管理文件。

（5）其他相关证明材料。

如企业申请第三方评价，还应符合下列要求：

（1）自愿提出申请，提交申请材料。

（2）在经营范围内合法合规开展生产经营活动。

（3）行政许可、审批或强制认证等已获得相应资质。

（4）三年内未发生重大及以上质量、安全、环境保护等事故。

(5) 提出申请前一年内，按本标准开展了企业标准化工作自我评价。

37. 企业进行标准化良好行为确认的基本流程是什么?

答：企业进行标准化良好行为确认的基本流程是：

(1) 首次会议。首次会议应由评价组长主持。参加会议的人员应包括企业最高管理层成员、被评价部门及基层组织的负责人、企业标准化工作组织体系相关人员、评价组成员。

(2) 评价。评价应包括下列内容：

1) 企业标准化工作基本要求，包括：

① 最高管理者对标准化工作的重视与支持；

② 标准化机构建设与运行；

③ 各部门及基层组织的标准化工作职责与履行；

④ 标准体系策划与构建；

⑤ 标准化工作规划计划与培训；

⑥ 标准化工作监督与检查；

⑦ 标准化信息管理与应用。

2) 企业标准体系构建，包括：

① 技术标准体系结构与内容；

② 管理标准体系结构与内容；

③ 岗位标准体系结构与内容。

3) 实施、评价与改进，包括：

① 标准实施；

② 自我评价；

③ 改进。

4) 企业标准化工作成效与成就，包括：

① 国际标准化方面的工作；

② 国内标准化方面的工作；

③ 标准化推动技术进步成效；

④ 标准化推动管理提升成效；

⑤ 企业获得荣誉情况。

5）工作现场或作业现场的评价，包括但不限于：

① 员工对标准化知识的掌握程度；

② 员工对本岗位应实施标准的掌握程度；

③ 标准覆盖生产、经营、管理全过程的程度；

④ 现场使用的文件与企业标准体系文件的一致性；

⑤ 实际工作情况与标准内容符合程度；

⑥ 标准执行效果；

⑦ 对企业标准与实际适宜性等问题的发现、改进与反馈情况；

⑧ 标准化创新实践与成效等。

评价采用随机抽样的方法进行，形式包括但不限于：

1）询问、访谈、座谈；

2）查阅成文信息；

3）观察；

4）现场操作演示；

5）调查统计；

6）结果复核等。

（3）沟通。沟通应贯穿于评价的全过程。第三方评价时，评价组还应在评价组内部沟通之后与企业最高管理层、标准化专职人员进行沟通，沟通包括但不限于：

1）评价组针对现场评价情况提出继续评价或终止评价；

2）评价组在评价过程中发现的不符合项、扣分项以及评价结论；

3）评价组对企业不符合项的改进意见与建议；

4）企业对不符合项以及评价结论进行确认或提出意见等。

（4）末次会议。末次会议参加人员应与首次会议相同，由评价组长主持。第三方评价末次会议主要内容包括：

1）评价组宣布评价综述及结论；

2）企业最高管理者对结论的确认；

3）评价组作企业申诉和投诉权力的说明。

通过标准化良好行为企业一般在通过现场确认后的第二年取得标准化良好行为企业级别（AAA、AAAA、AAAAA）证书，有效期三年。企业在证书有效期满后可自愿申请复评。复评程序和内容与初评一致，复评结论分为升级、保持同级和降级。

38. 企业可以通过哪些方式参与国际标准化活动？

答：企业可以通过以下几种方式参与国际标准化活动。

（1）通过承担 ISO、IEC 的国内技术对口单位的方式直接参与国际标准化活动。国内技术对口单位是经国家标准化主管部门批准，承担参与 ISO、IEC 相应 TC、SC 国际标准化工作的国内机构。目前，ISO 的 695 个和 IEC 的 169 个 TC、SC 我国都已参加并设有国内技术对口单位，他们都直接参与着这些技术领域的国际标准化活动。根据我国正在修订的《参与国际标准化活动管理办法》，国内技术对口单位的主要职责有：

1）分发 ISO 和 IEC 的国际标准、国际标准草案和文件资料，并定期印发有关文件目录；

2）结合国内工作需要，对国际标准的技术内容进行必要的研究、试验、验证，并提出处理意见和建议；

3）组织对国际标准的新工作项目提案（NP）、委员会草案（CD）、国际标准草案（DIS/CDV）以及最终国际标准草案（FDIS）等文件进行研究并提出投票意见；

4）提出国际标准提案建议；

5）提出 ISO、IEC 新技术工作领域提案建议；

6）组织专家参加对口的 TC、SC、WG 的国际会议，经 ISO、IEC 中国国家委员会秘书处同意，可委托其他单位代表本技术对口组织参加国际标准化活动；

7）每年年底向 ISO、IEC 中国国家委员会秘书处报送上年度工作报告，同时抄报国务院各有关部门或行业协会；

8）根据工作情况，适时向 ISO、IEC 中国国家委员会秘书处提出对参加单位的调整意见；

9）直接或通过主管部门向国家标准化管理委员会提出参加 ISO 或 IEC 的 TC、SC 成员身份的建议；

10）提出参加 ISO、IEC 国际标准制定 WG 专家的名单建议；

11）其他相关工作。企业可以通过直接承担 ISO、IEC 的相应国内技术对口单位的方式，参与国际标准化活动。

国家鼓励企业积极承担 ISO、IEC 的国内技术对口单位工作。企业可以向国家标准化主管部门提出承担 ISO、IEC 的国内技术对口单位的申请。经批准同意后，企业可以以 ISO、IEC 国内技术归口单位的身份，按照国家的有关规定直接参与国际标准化活动。

（2）通过现有的 ISO、IEC 国内技术对口单位间接参与国际标准化活动。目前，绝大多数 ISO、IEC 的技术机构在国内都设有相应的技术对口单位，企业有意愿参与相关 ISO、IEC 技术领域的活动时，可以登录国家标准化管理委员会网站查询 ISO、IEC 国内技术对口单位的信息。如果该技术领域国内已设有技术对口单位，企业需向相应 ISO、IEC 国内技术对口单位提出参与有关国际标准化活动的申请。根据国内技术对口单位的管理规定，国内技术对口单位有义务组织和吸收国内相关的企业参与有关技术活动，并向有关单位传递国际标准化活动的最新信息。在国内技术对口单位对相应国际标准化活动的统一组织管理下，经报国家标准化主管部门批准，企业即可获得国际标准制修订信息，实质性参与如参加相关国际会议、提名国际标准制修订注册专家和提交国际标准新工作项目提案等国际标准化活动。

对于 ISO 和 IEC 设立了技术委员会或分委员会，而我国还没有建立国内技术对口单位的技术工作领域，国家标准化管理委员会鼓励以企业为主体申请承担这些 TC、SC 的国内技术对口工作，代表我国参与这些 TC、SC 的活动，并履行国内技术对口单位的权利和义务。根据国家标准化管理委员会的统计，我国尚未参加的 ISO、IEC 的 TC、SC 分别有 56 个和 3 个。

39. 企业参与国际标准化活动包含哪些内容？

答：我国对参加国际标准化活动的定义是：参加国际标准化组织（ISO）、国际电工委员会（IEC）和其他国际或区域性标准化组织活动。根据《参加国际标准化活动管理办法》，企业参加国际标准化活动主要有以下内容：

（1）担任国际或区域标准化组织中央管理机构的官员和成员；

（2）承担 ISO、IEC 等国际标准化组织技术委员会（TC）、分委员会（SC）的秘书处工作；

（3）担任 TC、SC 的主席或副主席，担任工作组（WG）召集人或工作组的注册专家；

（4）提出我国的国际标准提案，主持制修订国际标准；

（5）对 ISO、IEC 及其他国际和区域标准化组织的工作文件的研究和表态；

（6）参加或承办 ISO、IEC 和其他国际和区域标准化组织的技术会议；

（7）参与和组织国际标准化研讨、论坛活动；

（8）开展与各区域、各国的国际标准化合作交流；

（9）承担 ISO、IEC 的 TC、SC 的国内技术对口单位。

40. 企业如何积极跟踪国际标准化活动？

答：跟踪国际标准化活动，对企业了解相关技术领域国际标准发展动态，及时调整企业生产和销售策略、把自己知识产权的技术方案提升为国际标准有着重大意义。

（1）企业需要了解本行业领域的国际标准化相关信息。包括本行业领域对应的 ISO、IEC 等国际标准化组织的具体技术机构（如 TC、SC）是哪些、这些国际标准、技术机构的主席和秘书处设在哪里、我国是否加入、国内是否设有相应技术对口单位等。这些信息可以通过登录 ISO 网站（www.iso.org）、IEC 网站（www.iec.ch）和国家标准化管理委员会网站查询，也可以直接向地方标准化主管部门（地方质量技术监督部门）或国家标准化主管部门查询。

（2）企业需向国家标准化主管部门和国内技术对口单位提出跟踪国家标准化活动的申请。对于我国尚未加入的 ISO、IEC 的 TC、SC，企业可向国家标准化主管部门提出申请代表我国加入该 TC、SC 成为参加成员（P 成员）或观察成员（O 成员），按照我国有关国际标准化工作规定及国际标准化技术工作程序，经国家标准化主管部门即 ISO/IEC 中国国家成员体批准，企业可以以 ISO、IEC 国内技术对口单位的身份参与和跟踪国际标准化活动。对于我国已参加的 ISO、IEC 的 TC、SC，由于已设立国内技术对口单位，企业需向技术对口单位提出申请跟踪该技术领域的国际标准化活动。国内技术对口单位根据我国有关规定，应向国家标准化主管部门申请，经批准授权后，企业可以参加国内技术对口单位的国际工作组，参与和跟踪 ISO、IEC 有关的 TC、SC 的国际标准化活动。

41. 企业标准化信息管理的基本要求是什么？

答： 企业标准化信息管理是指对企业所需要的标准化信息的收集，加工，传递，保管和使用等一系列活动的管理。开展标准化信息管理是确保企业标准化工作顺利开展的重要环节，是企业标准化工作的重要内容，也是开展企业标准化工作的基础。企业应提供必要的财力和人力专用于标准化信息的管理，以确保企业标准化信息工作能够满足企业发展的需要。

（1）建立广泛而稳定的信息收集渠道。企业应首先确定本企业所需要的标准化信息的范围和对象,然后再考虑建立收集渠道。

标准化信息的发布、出版、发行的部门和单位是明确而固定的,企业可依据标准发布公告,标准目录或出版通报,也可以依据于标准化机构的互联网网站信息进行定购。

标准化信息收集的方法,可以采用定购、互联网、参加有关的标准化会议,如工作会议、学术交流会、座谈会、参加组团考察,参加标准化培训班等。有些企业需要国际标准和国外先进标准,可与国家的标准研究机构建立联系,我国没有的国外先进标准,企业可利用多种途径进行收集,如出国考察、技术引进、合同明确、合作经营等途径获取信息。

(2) 及时了解并收集有关的标准发布、修订、更改和废止信息。国家标准发布后有半年以上的时间才正式实施,这段时间,可供企业了解国家标准的发布信息,修订标准,一般要列入年度制、修订标准计划,也可从计划中了解有关信息。

(3) 对收集到的信息进行整理、分类、登记编目和借阅,及时传递到使用部门。对标准化信息(或标准资料)进行整理、分类、编目和借阅工作。

(4) 实现标准化信息的计算机管理。借助于计算机对标准信息资料进行采集、加工、储存、传递和服务。是企业标准化信息管理的发展,可以改进标准化信息的管理水平,方便使用,并能提高利用率,有条件的企业应尽快实现计算机管理。

(5) 开通标准化信息的网络服务系统。国家标准管理委员会已建立起全国的标准网络服务系统,并已同全国各省、自治区、直辖市联网,企业可以接通这个网络系统。

42. 标准化信息管理的一般特性是什么?

答:标准化信息不同于其他社会信息,这是由标准化信息本身具有的特性决定的。标准化信息具有以下特性:

(1) 广泛性。标准化信息的来源十分广泛。广泛性包含两个方面，一方面，标准化涉及科学技术、经济活动、社会生活的各个方面，各行各业；另一方面，标准化活动是整个世界范围的。对于某个具体企业来说，凡与企业生产、经营、管理活动有关的标准化信息，企业都应关注。特别是对保护消费者利益和保护环境方面的标准化信息企业更应重视，因为这些方面的标准化信息往往被企业所忽视。

(2) 法规性。在我国强制性标准具有技术法规性质，是必须执行的。强制性标准分为国家标准、行业标准和地方标准三类，对企业具有同样的约束性。世界的许多国家（或地方）制定了大量的、具有技术标准性质的技术法规，也是强制执行的。因此，技术法规也是重要的标准化信息。各级强制性标准和国外技术法规是标准化信息的重点。

(3) 系统性。根据标准的系统效应原理，标准不是孤立的发挥作用，而是围绕一个目标形成标准体系，体系内的各项标准都对其目标发挥作用，以实现标准化的最佳效果。所以企业在收集标准化信息时，就要围绕其目标，全面、系统地收集有关标准化信息。

(4) 时效性。标准化信息与其他信息的一个重要不同点，就是标准有严格的时效性。时效性是各类标准的共同特性。一项标准发布后，应要随着科学技术进步，生产和管理水平的提高，需要不断修改、补充、代替、确认、有的被废止。所以在收集标准化信息时，注意有关信息的有效性是非常重要的。企业用了过时的、作废的标准，会给企业造成损失。有的标准，常有补充修改单、补充单，企业也要注意收集，这些信息多刊载在标准化刊物上。

(5) 服务性。企业标准化信息是为企业的生产、经营和管理服务的。因此，企业的标准化信息工作应以能满足企业对各级各类标准（包括本千月标准）的需要为目标，采取有效措施，加强标准化信息管理，将收集的标准信息及时通知到使用部门。

六、标准化工作实例

1. 企业如何开展标准化工作的需求分析？

答：需求分析是确保标准体系满足企业需求的必要条件，是企业标准体系建立的必经之路。现在以一个火力发电企业为例，进行简要介绍。

火力发电企业基于目标导向、问题导向进行了需求分析。目标导向是企业相关方的需求和期望是什么？企业的战略目标是什么，如何通过标准化手段实现？问题导向是企业发展现状是什么、标准化现状怎么样？如何通过标准化手段来解决？

（1）目标导向：基于相关方需求和期望分析。火力发电企业参照GB/T 15496—2017《企业标准体系 要求》中对相关方及其需求和期望进行了分析，见表6-1。

表6-1　　　某火力发电企业相关方需求和期望分析表

梳理相关方	需求与期望	识别关键过程、资源和要素	确定标准化对象
顾客	电能产品质量	生产——资源	设备、设施	设备、设施相关标准
			人员	人力资源相关标准
			……	……
企业所有者	持续盈利的能力	企业发展的方针、目标等	战略管理、标准化相关标准
		电能产品和市场	电能产品的质量和市场营销相关标准
		资产	资产相关标准
		团队	人力资源相关标准
		……	……
企业员工	良好的环境	硬环境	设备、设施相关标准
		软环境	行政事务、团群和人力资源等相关标准
	职业安全	职业健康、安全与应急	安全与职业健康相关标准
	职业发展	培养、任用、考核、晋升、职业生涯发展	人力资源相关标准
	……	……	……

续表

梳理相关方	需求与期望	识别关键过程、资源和要素	确定标准化对象
供方	互利和连续性	选择和管理	供方相关标准
		与供方的沟通	
		……	……
社会	遵守法律、法规	法律、法规、规章和强制性标准的收集和分析	知识管理和信息管理相关标准
	环境保护	环保和节能	环境保护和节能相关标准
	道德行为	企业文化、诚信体系、公益性	战略管理等相关标准
	……	……	……

根据对相关方需求和期望分析，形成基于相关方需求和期望分析所需的标准，为文件清理、业务识别与企业标准体系的建立奠定了基础。

（2）问题导向：基于企业现状分析。对相关方需求和期望进行分析，是分析未来潜在的需求。企业标准体系建设除要满足未来需求，还要适应企业当前现状，企业标准体系的建立应能解决企业现状存在的问题，为此火力发电企业参照 GB/T 15496—2017《企业标准体系 要求》还对标准化现状进行了分析，包括：企业的组织机构、企业的标准体系建立情况和企业其他管理体系建立情况，以及企业当前管理现状进行了分析，见表6-2。

表6-2　　　　　某火力发电企业标准化现状分析表

分析对象	要素分析	结论建议
企业组织机构	组织机构与业务流程适宜性	优化组织机构或建立、调整相关标准体系
企业标准体系	未建立	体系必要性	按照 DL/T 485—2018《电力企业标准体系表编制导则》要求建立企业标准体系
其他管理体系	已建立	但管理体系标准未进行整合	按照 DL/T 1004—2018《电力企业管理体系整合导则》要求对企业其他管理体系进行整合
企业管理制度及其他标准化文件	制度涉及的对象流程等与标准化对象的契合度	企业标准体系的架构建立，标准或制度的编写等
……	……	……

119

根据对火力发电企业标准化现状分析，针对问题，提出了标准化解决方案，包括标准化工作规划、标准化工作计划等，为企业有序推动标准化工作奠定了基础。

2. 企业如何开展文件清理？

答：企业开展文件清理的目的是全面收集、评审、整理与本企业生产经营及管理活动相关的内、外部文件，识别其要求，建立以企业标准为主体的企业标准体系。

企业标准体系表包括采用的国际标准，执行的国家标准、行业标准、地方标准、团体标准，以及上级和本企业制定的标准化文件。

企业应甄别法律、法规、规章和强制性标准所对应的领域，把其中的要求转化为企业标准。

国家标准、行业标准、地方标准、团体标准中部分内容适用于企业，可转化为企业标准，或对其内容进行细化，将其转化为企业标准，也可直接引用。

下面以某火电企业为例，进行简要介绍。

（1）明确组织机构与分工。文件清理工作由标准化工作办公室统一组织协调，各业务对应职能部门牵头实施本部门的文件清理工作。

（2）开展文件清理。

1）各业务对应职能部门根据本部门生产经营和管理活动的实际和上级公司要求，进行适用法律法规的识别，编制部门适用法律法规清单，并进行文本收集。如安全生产管理部清理的法律法规清单见表 6-3。

表 6-3   安全生产管理部适用法律法规清单

序号	发布文号	法律、法规及规章名称	实施日期	归口部门	备注
一、国家法律法规					
01 国家法律					

续表

序号	发布文号	法律、法规及规章名称	实施日期	归口部门	备注
1	中华人民共和国主席令（13届第八十八号）	《中华人民共和国安全生产法》	2021.09.01	安全生产管理部	
2	中华人民共和国主席令（13届第八十一号）	《中华人民共和国消防法》	2021.04.29	安全生产管理部	
3	……	……	……	……	
02 国家行政法规					
1	中华人民共和国国务院令（第493号）	《生产安全事故报告和调查处理条例》	2007.06.01	安全生产管理部	
2	中华人民共和国国务院令（第441号）	《中华人民共和国防汛条例》	2005.07.15	安全生产管理部	
3	……	……	……	……	
03 国家各部委规章					
1	中华人民共和国公安部令（第121号）	《公安部关于〈火灾事故调查规定〉的决定》	2012.11.01	安全生产管理部	
2	国家安全生产监督管理总局令（第16号）	《安全生产事故隐患排查治理暂行规定》	2008.02.01	安全生产管理部	
3	……	……	……	……	
04 行政规范性文件					
1	建办〔2005〕89号	《建筑工程安全防护、文明施工措施费用及使用管理规定》	2005.09.01	安全生产管理部	
2	……	……	……	……	

各部门将部门识别的适用法律法规清单交标准化办公室汇总，由标准化办公室进行整理，形成本单位法律法规清单。

2)各业务对应职能部门根据本部门生产经营和管理活动的实际，识别需执行的国家标准、行业标准、地方标准、团体标准、上级公司技术标准，编制部门适用国家标准、行业标准、地方标准、团体标准、上级公司技术标准清单，并进行文本收集。如安全生产管理部清理的国家标准、行业标准、地方标准、团体标准、上级公司技术标准清单见表6-4。

表6-4　　安全生产管理部适用国家标准、行业标准、地方标准、团体标准、上级公司技术标准清单

序号	标准编号	标准名称	实施日期	被替代标准号	备注
01 国家标准					
1	GB 2894—2008	《安全标志及其使用导则》	2009.10.01	GB 16179—1996；GB 18217—2000；GB 2894—1996	
2	GB 18218—2018	《危险化学品重大危险源辨识》	2019.03.01	GB 18218—2009	
3	……		……		
02 行业标准					
1	HJ 75—2017	《固定污染源烟气（SO_2、NO_X、颗粒物）排放连续监测技术规范》	2018.03.01	HJ/T 75—2007	
2	HJ 2035—2013	《固体废物处理处置工程技术导则》	2013.12.01		
3	……		……		
03 地方标准					
1	……	……	……		
04 团体标准					
1	……	……	……		
05 上级公司技术标准					
1	……	……	……		

各部门将部门识别的适用国家标准、行业标准、地方标准、团体标准、上级公司技术标准清单交标准化办公室汇总，由标准化办公室进行整理，形成本单位适用国家标准、行业标准、地方标准、团体标准、上级公司技

术标准清单。

3) 各业务对应职能部门根据本部门生产经营和管理活动的实际，识别上级现行有效规章制度和文件，编制部门适用上级文件清单，并进行文本收集。如安全生产管理部清理的上级文件清单见表6-5。

表6-5　　　　　　　　安全生产管理部适用上级文件清单

序号	文件编号	文件名称	实施日期	被替代文件编号	备注
1	×××	《安全生产工作管理规定》	×××		
2	×××	《安全生产责任制管理办法》	×××		
3	……	……	……		

各部门将部门识别的适用上级文件清单交标准化办公室汇总，由标准化办公室进行整理，形成本单位适用上级文件清单。

4) 各业务对应职能部门根据本部门生产经营和管理活动的实际，识别部门所需的记录表单，建立部门记录表单清单，并进行文本收集。如安全生产管理部清理的记录表清单见表6-6。

表6-6　　　　　　　　安全生产管理部记录表清单

序号	名称	备注
1	安全生产责任书	
2	安全生产目标分解表	
3	……	

各部门将部门识别的记录表单清单交标准化办公室汇总，由标准化办公室进行整理，形成本单位记录表清单。

3. 企业如何开展业务识别？

答：企业的业务是按某一共同的目标、通过信息交换实现的一系列过程，其中每个过程都有明确的目的，并延续一段时间，简单来说就是指一个专业内的工作事项。企业的业务体系是指在某一个方面从上到下的组织架构及所有的工作事项，也就是这个方面所有的人员、工作的总称。业务层级是有层次性的，这种层次体现在由上至下、由整体到部分、由宏观到微观、由抽象到具体的逻辑关系。业务识别的目的是全面、系统识别和梳理企业各职能各层级管理业务，并按生产经营管理的客观规律进行业务划分归类，建立以企业生产运营为核心的全业务项目名录，是构建企业标准体系的重要前提和基础。下面以某火电企业为例，进行具体说明。

(1) 确定业务识别的原则。业务识别的原则如下：

1) <u>层次清晰</u>。业务识别总体上可参照 DL/T 485—2018《电力企业标准体系表编制导则》界定的管理标准体系结构内容，拟定一级业务框架；二级业务尽量依据企业人力资源部确定的部门职责进行识别。业务管理过程要做到清晰简单，层次少牵涉范围少的业务，识别到二级即可；业务复杂、管理事项多、层次多、牵涉范围广的业务，可能要识别到三级、四级；各级业务与子业务之间的关系要清楚，不能倒置。

2) <u>业务名称唯一性</u>。不同层级业务名称不能相同，在业务体系中业务名称应只有一个，不应有相同名称业务出现在不同位置。

3) <u>业务识别就近原则</u>。业务识别应遵循就近原则，不应多处展开。即在主责业务完整的流程性业务中展开识别，而在配合业务中不展开。同类业务应归并在同一业务类别下。

4) <u>按管理职能识别业务</u>。谁主管谁识别，被动执行的不识别。由业务类别的主管职能部门牵头组织业务的识别，贯穿该项业务管理的整个过程，既包括策划、组织实施、基层执行、监督检查、信息反馈等，配合、执行部门岗位不再单独识别，可参与业务梳理结果的评审。

例如，所有培训业务由人力资源部识别，其他部门班组不识别；安全生产管理部负责的安全培训，只识别其特殊要求部分，其过程管理还要纳入人力资源部的培训管理。

(2) 确定业务识别的工作思路。业务识别的工作思路：人员准备培训——资料准备收集——归口部门管理岗位识别——归口部门评审整合——其他部门参与评审——标准化办公室汇总整合——技术、管理分委会审批——标委会批准发布。

归口部门在识别过程中,要包含本部门管理职能的所有业务,包括已有标准制度的和还没有编写标准制度的;既要以现有的部门职责和标准制度文件为参考,也要参考国家法律法规、国家标准和行业标准、政府和上级标准制度文件等对新增业务或缺失业务的要求,以确保业务梳理的系统性、科学性和充分性。

(3)开展业务识别。

1)进行人员、知识准备。

① 确定人员:确定参与业务识别梳理的人员,应接受业务梳理培训,学习业务梳理相关知识,掌握业务梳理方法和程序,了解业务名录填表要求。

② 编制业务识别表:下发业务项目清单,确定业务结构内容、业务识别覆盖范围。

2)进行业务识别工作分工。

① 标准化办公室:组织确定标准体系架构及业务类别,编制业务识别表,明确工作任务和要求,组织业务识别培训,协调现场指导和业务评审工作,跟进阶段工作进度,把控工作质量。

② 各职能部门:参与确定企业标准体系架构核心业务类别,组织本部门归口业务识别,完成业务项目清单填写工作。参加业务评审,做好相关业务名录的补充完善工作。

③ 各部门联络员:参加业务识别培训,对本部门业务识别人员进行培训,组织本部门业务识别、审核工作;汇总本部门业务项目表交标准化办公室汇总。

3)进行资料准备。在业务识别梳理前应收集以下文件资料:

① 人力资源部下达的组织机构、职责和定岗文件;

② 部门、专业组、班组、岗位职责文件;

③ 企业文件清理后的清单。如适用法律法规清单，适用国家、行业、地方、团体标准、上级公司技术标准清单，适用上级文件清单，记录表清单等。

4）组织业务识别。

① 确定一、二级业务：一级业务以部门的职责文件为依据，由部门负责人组织人员按照部门的职责定位，梳理本部门主要一级业务项（可参照DL/T 485—2018《电力企业标准体系表编制导则》界定的管理标准体系结构拟定）。划分二级业务时，二级业务应覆盖本部门所有业务，填写在《业务项清单》二级业务列，并与一级业务中的管理模块对应，职能部门二级业务应保持与部门内各专工主要业务对应。职能部门职责范围内牵头、组织、协调开展的工作事项都要进行识别梳理。

② 细分三、四级业务：各职能部门针对分管的二级业务，组织各管理岗位进行分析识别，如果二级业务已是独立业务，可单独编制标准（制度），则不必再细分业务。如果二级业务可分解为多项独立业务，各独立业务的管理模式不一样，根据"一事一标"的原则，每项业务需要单独编制管理标准（制度），就要识别为三级业务。同理，三级业务还包含多项独立业务，各独立业务的管理模式不一样，根据"一事一标"的原则，每项业务需要单独编制标准（制度），就要识别为四级业务。

③ 一级业务是相对独立的业务，在此业务下可按不同的工作分类进行下一层级的工作拆分，如设备设施材料管理、运行管理、采购管理、人力资源管理等。

二级业务是一级业务的工作细分，并且同级业务之间存在一定的关联关系，如一级业务采购管理之下包含物资采购、项目采购等。

三级业务是二级业务的工作细分，并且同级业务之间存在一定的关联关系，如物资采购二级业务下包括采购计划、采购实施、物资验收等三级业务。三级业务采购实施又可分为招标、单一来源采购、竞价采购等等四级业务。

最后形成企业的业务项目清单，见表 6-7。

表 6-7　　　　　　　　某发电企业业务项目清单

序号	一级业务	二级业务	三级业务	四级业务	本企业的标准（制度）（编号+名称）	上级文件（编号+名称）	团体标准（编号+名称）	地方标准（编号+名称）	行业标准（编号+名称）	国家标准（编号+名称）	法律法规（编号+名称）	报告与记录的名称
1	设备、设施和材料管理	设备维护管理	电气设备维护管理									
			锅炉设备维护管理									
			化学设备维护管理									
2		可靠性管理	……									
3		设备缺陷管理	……									
…												

各职能部门对照业务事项根据企业文件清理的结果补充完善业务项目清单中与业务相对应的本企业的标准（制度）、上级文件、团体标准、地方标准、行业标准、国家标准、法律法规、报告与记录等。

注意表 6-7 只是某火电企业的示例，其他发电企业可参照某发电企业业务项目清单设计本企业的业务项目清单，如有的企业开展了流程梳理，可在表 6-7 上增加流程的内容；有的企业开展了对风险的识别，可在表 6-7 上增加风险识别的内容，总之业务项目清单包含企业所有的开展的工作事项。

5）进行整合与评审。按专业整合，并评审，职能部门按所负责专业组织评审、汇总、整合本专业业务。评审事项：

① 主要评审在专业纵向方面，职责与业务是否一致，界面是否清晰，表述是否准确。

② 主要评审该专业覆盖是否全面，与其他专业划分是否清晰，归类准确，有无遗漏、重叠。

③ 主要评审各级业务，层级是否清晰，业务是否覆盖本专业工作内容。

经过整合评审，形成企业的业务项目清单，从而确定企业标准体系的架构。

4. 企业如何编制企业标准体系表？

答：以某火力发电企业编制企业标准体系表的过程为例，一般分为以下几个方面：

首先，企业通过业务梳理确定一级业务活动，通过文件清理确定一级业务活动所需的技术标准、管理标准等标准化文件后，参照 DL/T 485—2018《电力企业标准体系表编制导则》的要求，明确企业标准体系的结构形式，如业务活动有检修管理、运行管理、检验管理、财务管理、安全管理、合同管理等，参照 DL/T 485—2018《电力企业标准体系表编制导则》火力发电企业管理标准体系的结构，可明确企业管理标准体系结构，含有检修管理、运行管理、检验管理、财务管理、安全管理、合同管理等模块，如与 DL/T 485—2018《电力企业标准体系表编制导则》给出的火力发电企业管理标准体系结构有不同，如业务活动中有工程建设管理，那就要对企业的管理标准体系中增加工程建设模块。通过辨识含有技术标准的业务活动，参照 DL/T 485—2018《电力企业标准体系表编制导则》火力发电企业的技术标准体系的结构，可明确企业技术标准体系结构。岗位标准体系可参照 DL/T 485—2018《电力企业标准体系表编制导则》给出的岗位标准体系结构，分为决策层、管理层、操作层，企业标准体系总体结构可参照 DL/T 485—2018《电力企业标准体系表编制导则》的要求进行构建。

其次，梳理标准明细表是关键步骤之一。企业根据标准体系结构图和文件清理的结果，分析、梳理形成企业技术标明细表、管理标准明细表、岗位标准明细表。技术标准明细表中含企业必须使用的国家标准、行业标准、地方标准、团体标准、上级技术标准和本企业的技术标准，已转化纳入企业技术标准的那一部分国家标准、行业标准、地方标准、团体标准、放在指导标准中，上级技术标准放在相关文件中；管理标准明细表含直接使用的上级管理标准（制度）和本企业管理标准（制度），已转化纳入企业管理标准的那一部分国家标准、行业标准、地方标准、团体标准放在指导标准中，上级管理标准放在相关文件中；岗位标准以人力资源部确定的岗位编制岗位标准明细表，不能因人设岗。此外，对标准明细表进行统计分析，形成标准统计表。

最后，编写企业标准体系表编制说明，明确编制的原则、要求、依据等，以确保企业标准体系表的科学性和实用性。

5. 企业标准的有效期有多长？

答：一般而言，自企业标准实施起至标准复审（重新确认、修订或废止）的时间止称为企业标准的有效期，又称为标龄。那么，企业标准的有效期有多长？现在以一家火电企业为例进行介绍：

（1）企业标准无复审周期的要求。《中华人民共和国标准化法》第十九条规定："企业可以根据需要自行制定企业标准。"因此，企业标准的制定（或修订）应该由企业根据需要自主开展，不宜规定具体的复审周期。

考虑到法律法规和电力行业政策的变化及企业的发展，当出现下列情形之一时，该火电企业标准进行了及时复审，并确定其继续有效，还是需要修订或废止：

1）国家有关法律、法规、规章以及电力行业政策作出调整或者重新规定；

2）相关国家标准、行业标准、地方标准和团体标准发布实施；

3）企业对设备设施进行了工艺改进和技术改造、对服务提供进行了改进；

4）所引用规范性文件的相关条款进行了修订；

5）企业为提高竞争力，提高了标准的相关指标。

（2）企业标准应该定期复审。《中华人民共和国标准化法》第二十九条规定："标准的复审周期一般不超过五年。经过复审，对不适应经济社会发展和技术进步的应当及时修订或者废止。"因此，企业自编的标准的复审周期一般不超过五年。

6. 企业技术标准如何分类？

答：企业技术标准的对象仅限于重复性的技术事项、技术活动，对企业产品质量及其产品形成过程中的各个技术事项、技术要素进行规定，不涉及管理职能。由于不同电力企业产品的差异，规范产品实现全过程的技术标准文件构成也有所不同，按照DL/T 485—2018《电力企业标准体系表编制导则》，常见的电力企业有电力设计、电力施工、发电、供电和电力科研等五种，企业应根据本企业生产经营实际业务范围，对本企业技术标准体系进行调整和再组合。技术标准体系可由技术标准、典型作业指导书组成。

下面以某新能源公司为例，进行简要介绍。

（1）本例只罗列了该新能源公司的技术标准，国家标准、行业标准未罗列出来。主要有101设备、设施和材料，102运行与维护，103检修，105测量、检验和试验，107安全和职业健康，108能源和环境。

（2）体系代码101.01.01含义为：101代表为设备、设施和材料技术标准子体系，第2部分01代表为设备、设施和材料技术标准子体系的第一个专业"采购"，第3部分01代表为第一个排序标准。

（3）101设备、设施和材料主要是物资采购；102运行与维护主要是运行规程；103检修主要是检修规程；105测量、检验和试验主要是电气设备预试；107安全和职业健康主要是与安健环有关的设备风险、作业风险、职业健康风险评估标准；108能源和环境主要是环境风险评估技术标准。

（4）企业可根据产品需要添加104技术监督、106质量和服务、109标注闽南话和信息技术或其他类别。

某新能源公司技术标准清单见表6-8。

表 6-8　　某新能源公司技术标准清单

序号	体系代码	标准编号	标准名称	实施时间	被代替标准号	责任部门
101	设备、设施和材料					
1	101.01.01	Q/YNJY 1000—2022	物资采购手册	2022-01-01	—	安全生产管理部
102	运行与维护					
2	102.01.01	Q/YNJY 1001—2022	田坝光伏电站运行规程	2022-01-01	—	安全生产管理部
3	102.01.02	Q/YNJY 1003—2022	阿依卡光伏电站运行规程	2022-01-01	—	安全生产管理部
4	102.01.03	Q/YNJY 1005—2022	石板沟光伏电站运行规程	2022-01-01	—	安全生产管理部
5	102.01.04	Q/YNJY 1007—2022	妙峰光伏电站运行规程	2022-01-01	—	安全生产管理部
	…					
103	检修					
6	103.01.01	Q/YNJY 1002—2022	田坝光伏电站检修规程	2022-01-01	—	安全生产管理部
7	103.01.02	Q/YNJY 1004—2022	阿依卡光伏电站检修规程	2022-01-01	—	安全生产管理部
8	103.01.03	Q/YNJY 1006—2022	石板沟光伏电站检修规程	2022-01-01	—	安全生产管理部
9	103.01.04	Q/YNJY 1008—2022	妙峰光伏电站检修规程	2022-01-01	—	安全生产管理部
10	103.02.01	Q/YNJY 1010—2022	汇流箱作业指导书	2022-01-01	—	安全生产管理部
	…					
105	测量、检验和试验					
11	105.01.01	Q/QBD 1028—2022	电气设备预防性试验维护检修规程	2022-01-01	—	安全生产管理部
	…					

续表

序号	体系代码	标准编号	标准名称	实施时间	被代替标准号	责任部门
107	安全和职业健康					
12	107.01.01	Q/YNJY 1021—022	设备状态评价与风险评估技术标准作业风险评估技术标准	2022-01-01	—	安全生产管理部
13	107.01.02	Q/YNJY 1022—2022	作业风险评估技术标准	2022-01-01	—	安全生产管理部
14	107.01.03	Q/YNJY 1023—2022	职业健康风险评估技术标准	2022-01-01	—	安全生产管理部
108	能源和环境					
15	108.01.01	Q/YNJY 1024—2022	环境风险评估技术标准	2022-01-01	—	安全生产管理部

7. 电力企业如何确定自编技术标准的名称和数量？

答：技术标准的名称、数量是企业根据管辖设备，结合实际情况确定。那怎么才能科学合理确定企业自编技术标准的名称和数量，下面以一家火力发电企业为例，可供参考。

（1）生产部门从管辖设备着手，收集整理与设备相关的国家标准、行业标准、上级和本企业技术标准，填写在部门管辖设备对应标准表中，见表6-9。

表6-9　某火力发电企业生产运行部管辖设备对应技术标准表

序号	管辖设备	国家标准、行业标准等名称	上级技术标准名称	本企业技术标准名称	备注
1	锅炉设备	DL/T 611—2016《300MW～600MW级煤粉锅炉运行导则》	无	300MW机组锅炉设备运行规程	
2	电气设备	……	无	300MW机组电气设备运行规程	

续表

序号	管辖设备	国家标准、行业标准等名称	上级技术标准名称	本企业技术标准名称	备注
3	汽机设备	DL/T 608—2019《300MW～600MW级汽轮机运行导则》	无	300MW机组汽机设备运行规程	
…					

（2）企业标准化工作牵头部门梳理整理生产部门管辖设备对应标准清单，形成企业的管辖设备对应标准清单后，组织各生产部门负责人集中讨论确定技术标准的名称和数量。

1）在生产部门管辖设备对应标准清单中，存在有的管辖设备下没有对应的技术标准，如新增的尿素设备等，需增加相应的技术标准，如《300MW机组液氨尿素设备运行规程》《300MW机组液氨尿素设备检修规程》等。

2）在实际工作中，有的管辖设备不再使用，如125MW机组已拆除，经过讨论，这一部分技术标准应废止。

3）在实际工作中，国家标准、行业标准等已明确企业管辖设备的一部分技术事项，如GB/T 22071.1—2018《互感器试验导则 第1部分：电流互感器》、GB/T 22071.2—2017《互感器试验导则 第2部分：电磁式电压互感器》等，可不再编写，直接使用。

（3）技术标准名称的确定，包括：

1）编写的内容针对设备的参数、遵循的程序或步骤等，是指设备的一个系统性的文件，可将名称命名为"规程"。

2）编写的内容是针对设备的作业顺序，对符合设备的作业内容及安全、品质的要点进行明示的操作文件，告诉作业人员怎么做、在哪里做、什么时间做、什么是好的、什么是坏的一个细化、分化到每一个具体行动步骤的操作性的技术标准，可将名称命名为"作业指导书"或"作业规范"等。

技术标准的数量不是越多越好，也不是越少越好，而是经过讨论，使企业的所有管辖设备都有章可循，有据可查，管用、实用、好用，能指导现场实际工作就最好。

8. 编写一个技术标准，要做好哪些准备工作？

答：想要编好一个技术标准不是一蹴而就，而是要经过精心策划，做好收集整理编写技术标准所需资料的准备工作，下面以一家火力发电企业为例，可供参考。

（1）收集相关的国家标准、行业标准、地方标准、团体标准、上级技术标准等。

（2）收集相关的技术说明书。

（3）收集相关的异动报告。

（4）收集相关的报告与记录。

例如，一家火力发电企业电热检修部编写的 300MW 机组锅炉检修规程时收集的资料清单见表 6-10。

表 6-10　　　　　　　　资　料　清　单

序号	编写的技术标准	国家标准、行业标准、地方标准、团体标准、上级技术标准		异动报告的名称	技术说明书的名称	使用过的报告与记录名称
		名称	要关注的条款			
1	300MW 机组锅炉检修规程	TSG G7002 锅炉定期检验规则	锅炉定期检验规则	无	28.5VNT 1800 旋转式空预器维护说明书	无
					LAP10320/883 回转式空预器说明书	
					D—11D 型 FWEC 双进双出钢球磨煤机使用说明书	
		……	……	……	……	……
2	……					

资料准备越充分，编写技术准就能达到事半功倍的作用。

9. 技术标准如何编制？

答：技术标准应根据企业设备的具体情况进行编制，包括检修规程、运行规程、作业指导书等，下面以一家火力发电企业为例，分别从规程、作业指导书这两方面举例，可供参考：

（1）规程。规程、作业指导书按照 GB/T 1.1—2020《标准化工作导则 第 1 部分：标准化文件的结构和起草规则》的规定起草。在编写时应注意以下几方面：

1) 应根据不同技术对象特征及其制定的目的，确定技术标准的主题内容。

2) 标准条文应规定需要遵守的准则和达到的技术要求以及采取的技术措施，应考虑消除危险、降低风险、防止污染、保护环境等要求。

3) 定性和定量应准确，并应有充分的依据。

4) 标准条文应协调，相关的标准内容之间不得相互抵触。

5) 对过程进行时序、顺序规定时，其要求的方法、步骤、时限等应明确表述。

以某火力发电企业 300MW 机组检修规程为例（见附录 A）。

（2）作业指导书。以某新能源公司交流汇流箱断路器更换典型作业指导书为例，见表 6-11。

1) 典型作业指导书的名称应使用"作业名称＋作业指导书"，不应使用"作业名称＋技术标准"的方式表述。

2) 作业指导书按照工作准备→作业要求→安全措施的布置与核对→作业流程→全面检查→送点操作→工作结束的流程来开展。流程对作业指导书来说非常重要，不能出现"颠三倒四"的乱序，也不能出现"丢三落四"的漏项。

3) 作业指导书要结合现场实际编写、完善，才更具有"指导"作用。

表 6-11　　　　　交流汇流箱断路器更换作业指导书

编号	2022-001	生效日期	2022 年 11 月 11 日
一、工作准备			
1. 工器具	（1）工具类：数字万用表、钳形电流表、十字螺丝刀、一字螺丝刀、内六角扳手、开口活动扳手、压线钳、电工刀、尖嘴钳、老虎钳、斜口钳、测温枪、毛刷、标识牌、接地线。 （2）仪表类：万用表、钳形电流表		

续表

2. 材料	交流断路器、砂纸、自粘绝缘胶带、铜线鼻子
3. 工作票和资料	工作负责人办理交流汇流箱断路器更换电气二种工作票并经签发后有许可人许可进行操作，交流汇流箱说明书
4. 安全防护用具	安全帽、1000V绝缘手套、绝缘鞋、线手套
5. 实物图片及相关说明	

二、作业要求

1. 开展本工作现场设备应具备的状态	（1）交流汇流箱输出总开关所对应的箱变低压侧分支开关在断开位置； （2）交流汇流箱所对应的所有逆变器所有直流输入开关或交流输出开关在断开位置； （3）交流汇流箱输出总开关所对应的箱变低压侧分支开关处或交流汇流箱输出电缆处装设一组三相短路临时接地线
2. 工艺标准	（1）安装的断路器在汇流箱内必须横平竖直。 （2）安装的断路器各部位螺栓必须旋紧不得松动摇晃。 （3）导线必须平直平行且之间距离不得小于3cm。 （4）线鼻子除螺栓连接处外，其余部分必须进行绝缘处理
3. 工作中安全风险及防范措施	（1）触电：戴1000V绝缘手套和穿绝缘鞋。 （2）锐器割伤：工作时戴防护工作手套。 （3）碰撞伤害：正确佩戴安全帽

三、安全措施布置步骤、注意事项及要求

安全措施布置步骤	注意事项及要求
1. 断开交流汇流箱所带逆变器的直流输入开关	1. 戴1000V绝缘手套和穿绝缘鞋，防止触电
……	

四、作业流程、注意事项及要求

续表

作业步骤	注意事项及要求
1. 使用工器具将该断路器下侧电缆、上侧母排断开接引；	1. 戴防护手套，将拧下的螺栓、垫片、弹垫归集在一起避免丢失；
……	

五、检查内容、注意事项及要求

检查内容	注意事项及要求
1. 分、合两次断路器；	1. 分合断路器时无阻塞，分合正常；
……	

六、送电操作作业步骤、注意事项及要求

作业步骤	注意事项及要求
1. 拆除交流汇流箱输出总开关所对应的箱变低压侧分支开关处或交流汇流箱输出电缆处装设的一组三相短路临时接地线和标识牌	1. 戴1000V绝缘手套和穿绝缘鞋，检查交流汇流箱出线断路器和箱变低压侧分支断路器在"分闸"位置
……	

七、工作结束的清理

1. 清点、归还工器具	1. 清点个人工器具；清点、清洁并归还借用的公用工器具
……	

10. 电力企业如何确定自编管理标准（制度）的名称和数量？

答： 自编管理标准（制度）的名称、数量是企业根据业务识别的结果，结合实际情况确定。那怎么才能科学合理确定企业自编管理标准（制度）的名称和数量，下面以一家火力发电企业为例，可供参考。

（1）部门以业务识别结果着手，收集整理与业务相关的上级制度、本企业的管理标准（制度），填写在部门业务对应标准（制度）表中，见表6-12。

表6-12　某火力发电企业人力资源部业务对应标准（或制度）表

序号	业务类型	上级规章制度名称	本企业标准名称	本企业制度名称	备注
1	教育培训管理	教育培训管理办法	教育培训管理		
2	职务与职级分离管理	无	无	无	
3	人事档案管理	人事档案管理办法	人事档案管理		
4	……				

（2）企业标准化工作牵头部门梳理整理部门业务对应标准（制度）清单，形成企业的业务对应标准（制度）清单后，组织各部门负责人集中讨论确定管理标准（制度）的名称和数量。

1）在部门业务对应标准（制度）清单中，存在多个部门在同一业务类型下相类似的管理标准（制度），通常相同的一个事项尽量制定成一项标准，如在教育培训管理业务中，人力资源部编写了《教育培训管理标准》、安全质量环保监察部编写了《安全教育培训管理标准》、发电运行部编写了《运行人员培训管理标准》等，职责、报告与记录等存在重复交叉地方，经过讨论，确定将这三个管理标准合并为一个管理标准，将安全教育培训与运行人员培训内容作为企业教育培训管理内容的一部分，更便于执行。但是，当编写的培训管理标准篇幅过长时，也可以把一些特定的培训要求单独制定，如企业培训师管理等。

2）在部门业务对应标准（制度）清单中，存在有的业务类型下没有对应的标准（制度），如职务与职级分离管理、疫情防控管理等，经过讨论，对新增加的业务类型，需增加相应的管理标准（制度），如《职务与职级分离管理制度》《疫情防控管理制度》等；对某一业务类型下新增的工作，如党风廉政建设管理，根据上级要求，每年要开展党风廉政建设自查工作等，只需在《党风廉政建设管理标准》中增加开展党风廉政建设自查管理内容，不需再单独编写管理标准（制度）。

3）在实际工作中，有的业务类型中编写了相应管理标准，但其中一部分管理内容使用频繁，上级要求变更也频繁，如财务管理标准中差旅费管理等，经过讨论，将差旅费管理内容从财务管理标准中删除，单独编写一个差旅费管理标准，更具有可操作性。

4）在实际工作中，有一部分业务，上级规章制度已明确企业各部门的职责及管理内容，如《操作票管理制度》等，经过讨论，这一部分企业可不再编写企业的管理标准（制度），直接使用上级的规章制度。

5）在实际工作中，有的管理标准（制度）不再使用，经过讨论，这一部分标准应废止。

（3）管理标准（制度）的名称应能简明、确切地反映标准化对象和主题，能概括全部管理内容，不能是管理内容的一部分。如有一个标准（制度）管理内容中包括科技档案管理、文书档案管理、实物档案管理等，标准（制度）名称不能为"科技档案管理"等，而是可命名为"档案管理"或可包含编写管理内容的名称。

（4）管理标准（制度）的数量不是越多越好，也不是越少越好，而是经过讨论，使企业的所有业务都有章可循，有据可查，管用、实用、好用，能指导现场实际工作就最好。

11. 编写一个管理标准（制度），需做好哪些准备工作？

答： 要编写一个管理标准（制度），要做好收集整理编写管理标准（制度）所需资料的准备工作，下面以一家火力发电厂为例，可供参考。

（1）收集相关的法律法规、国家标准、行业标准、地方标准、团体标准、上级标准（制度）等。

（2）收集归口管理部门、相关责任部门及职责。

（3）收集相关的管理流程。

（4）收集相关的报告与记录。

例如，一家火力发电企业财务部编写的差旅费管理标准时收集的资料清单见表 6-13。

表 6-13　财务部编写的差旅费管理标准时收集的资料清单

序号	编写的管理标准	归口管理部门		相关责任部门		法律法规、国家标准、行业标准、地方标准、团体标准、上级标准（制度）		业务流程名称	使用过的报告与记录名称
		名称	职责要点	名称	职责要点	名称	要关注的条款		
1	差旅费报销管理	办公室	负责差旅费日常管理	财务部	负责出差人员差旅费的报销、核算	上级公司差旅费管理办法	三级单位的报销标准	无	旅差费报销单

139

续表

序号	编写的管理标准	归口管理部门		相关责任部门		法律法规、国家标准、行业标准、地方标准、团体标准、上级标准（制度）		业务流程名称	使用过的报告与记录名称
		名称	职责要点	名称	职责要点	名称	要关注的条款		
1	差旅费报销管理			人力资源部	负责参与培训出差人员差旅费的审核				
				业务报销部门	负责提供报销原始凭证				
2	……								

12. 管理标准如何编制？

答：管理标准应针对具体的管理事项进行编制，包括管理职责、管理要求、内容与方法、报告与记录等内容，管理标准编写中的注意事项如下：

（1）在编写管理职责中，建议只写到部门，不要写到具体人，避免与岗位标准的交叉重复。

（2）在编写管理职责中，管理职责的编写顺序建议按公司领导、归口管理部门、责任部门进行编写，层次清楚，便于操作。

（3）在编写管理职责中，管理职责的描述建议为"负责＋管理事项"，不要将管理事项展开，避免和管理要求、内容与方法混淆。

（4）在编写管理要求、内容与方法时，一是要重点突出，注重关键内容描述，如职责中提到的内容，略写次要内容；二是要具体化，满足5W1H要求，即Why：目的，根据什么；What：对象，干什么事；Who：人员，由谁执行，包括谁协助、谁参与；When：时间，什么时间执行，什么时间完成；Where：地点，什么地方执行；How：方法，怎样执行，执行多少或程度及具体要求，采取哪些措施。

（5）在编写管理要求、内容与方法时，与管理职责是一一对应的，不要与管理职责脱节。

（6）在编写管理要求、内容与方法时，按照管理事项的 PDCA 循环进行编制，不要想到哪里写哪里，可操作性不强。

（7）在编写管理要求、内容与方法时，要避免使用"相关制度""及时""定期"等字眼进行描述。

（8）企业涉及的报告与记录、管理流程应放在具体管理要求、内容与方法中。

编写案例见附录 B。

13. 管理标准中的报告与记录如何确定?

答：企业的报告与记录是阐明过程结果或者提供所完成活动的证据的文件，是提高管理效率的一种手段。将长期使用、反复使用的报告与记录固化为规范的样式，如考勤表、仓储登记记录、消防检查记录等，从而保证各部门在使用时的统一性、规范性。以一家火力发电企业报告与记录收集为例，以供参考：

（1）以部门为单位，从部门业务着手，收集整理部门填写的报告与记录。某火力发电企业人力资源部收集整理的报告与记录的清单见表 6-14。

表 6-14　　某火力发电企业人力资源部报告与记录清单

序号	业务类型	名称	填报时限	保存地点	报送方式
1	培训管理	××××电厂年度培训需求调查表	发生时	人力资源部	电子
2	培训管理	××××培训工作计划表	发生时	各部门、人力资源部	电子或纸质
3	培训管理	××电厂员工岗位技术学习计划表	发生时	各部门	电子
4	培训管理	新员工入厂安全培训档案	发生时	人力资源部	纸质
5		技术问答统计	每月	各生产部门	纸质
…					

（2）企业牵头标准化工作的部门收集各部门整理的报告与记录清单，

组织各部门负责人讨论确定报告与记录的名称、数量，对相同的进行合并，对不适用的进行删除，确定企业的总的报告与记录清单。

1) 人力资源部要求填写的考勤表，部门要求填写的部门考勤表，应进行合并，确定一个统一规范的样式。

2) 有一部分纸质填写的记录已固化到相应的计算机系统中，成为管理内容的一部分，纸质不再使用，经过讨论，纸质的不再列入报告与记录清单中，应删除，但应在管理标准的管理内容中明确通过相应的计算机系统完成这一部分报告与记录的填写。

14. 企业存在多体系时，整合管理体系文件怎么编制和实施？

答：（1）整合管理体系文件的编制。企业通过识别已建立的管理体系范围，将开展的各管理体系具体要求一一列举，找出与企业业务活动、编写的标准（或规章制度）的对应关系，对共性的要求，在同一标准（或规章制度）中加以完善，对特定要求，没有对应的标准（或规章制度）时，编写特定要求的标准（或规章制度），并纳入企业标准体系（或规章制度体系）相应的分类中，用一套标准（或规章制度）来指导所有管理体系的建设。

具体识别的例子见表 6-15。（以环境管理体系识别为例）

表 6-15　　环境管理体系对应企业标准（制度）识别表

序号	管理体系名称	条款号	要求	对应业务活动	企业标准（或规章制度）名称
1	环境管理体系	7.2能力	能力培训	培训管理	教育培训管理
2			确定与其环境因素和环境管理体系相关的培训需求	培训管理	教育培训管理
备注：在教育培训管理标准相关内容中，补充对环境培训要求的内容

（2）整合管理体系文件的实施。企业在对各管理体系进行整合后，还将各管理体系的要素进行整理，将标准中规定的责任部门、报告与记录等进行整理，确定责任部门、总要素负责人、执行台账、执行部门、执行周

期等，建立整合管理体系要素执行表，各部门按照企业整合管理体系要素执行表，制定本部门整合管理体系要素执行表，并按照执行表开展相关工作。具体例子见表6-16。

表6-16　　　　　　　　整合管理体系要素执行表

序号	管理体系			具体条款	对应标准	责任部门	总要素负责人	执行台账	执行部门	执行周期
1	质量管理体系	环境管理体系	×××管理体系	能力培训	教育培训管理	人力资源部	××××	年度培训工作计划表	各部门	1年
2								岗位技术学习计划表	生产部门	发生时
3								员工安全培训记录	各部门	发生时

简而言之，整合管理体系就是企业用一套体系文件进行统一控制，使所有的活动和过程达到规范化、制度化，满足各管理体系的要求。企业再通过日常管理、内部审核、纠正与预防等来实现整合管理体系的落地，推动整合管理体系的不断完善和提高。

15. 电力企业如何确定自编岗位标准的名称和数量？

答：自编岗位标准的名称、数量是企业根据机构和岗位设置情况确定。下面以一家火力发电企业为例，见表6-17。

表6-17　　　　　某火力发电企业岗位与岗位标准对照表

序号	部门名称	岗位名称	岗位标准名称	备注
1	人力资源部	主任	人力资源部主任岗位标准	
2	人力资源部	副主任	人力资源部副主任岗位标准	
3	人力资源部	教育培训管理专责	人力资源部教育培训管理专责岗位标准	
4	人力资源部	人事档案管理专责	人力资源部人事档案管理专责岗位标准	
5	……			

岗位由企业的人力资源部根据上级对企业机构设置和岗位要求，结合企业的实际情况确定。岗位标准要与企业组织机构和岗位的设置保持一致，

并与之一一对应。在确定自编岗位标准的名称、数量时，应注意以下几个方面：

（1）岗位标准的名称。

1）决策层岗位标准的名称可以为：岗位名称＋岗位标准，如厂长岗位标准。决策层岗位标准的编号可以按照决策层岗位职务序列排列。

2）管理层和操作层岗位标准名称可以为：部门名称＋岗位名称＋岗位标准；如果部门还有班组，岗位标准的名称可以为：部门名称＋班组名称＋岗位名称＋岗位标准，如电热检修部电气维护班班长岗位标准等。

（2）企业在确定岗位标准时，不能因人设岗。如人力资源部根据上级要求设置了安全总监岗位和安全生产部主任岗位，但由于人手问题，安全生产部主任由安全总监兼任。在这种情况下，不能按实际工作一人负责的多项工作集中编写在一个人的岗位标准中，如编制一个安全总监兼安全生产部主任岗位标准，仍需按照企业人力资源部设置的岗位编制两个岗位标准，即"安全总监岗位标准"和"安全生产部主任岗位标准"，也就是一个人执行了两个岗位标准。管理层、操作层岗位标准编号可以按部门、班组等排列。也可以按部门中层、部门管理人员、班组管理、操作人员排列。

（3）当多个岗位标准中存在相同的工作事项时，如检修部门的支部书记与运行部门的支部书记、各部门办事员等，为避免标准之间的重复，可编写通用岗位标准，如支部书记通用岗位标准、部门办事员通用岗位标准、中层管理员通用岗位标准等。通用岗位标准的编号可放在相应层级的最前面。

16. 编写一个岗位标准，要做好哪些准备工作？

答：要编写一个岗位标准，做好收集整理编写岗位标准所需资料的准备工作，下面以一家火力发电厂为例，可供参考。

（1）各部门根据企业技术标准明细表整理与部门岗位对应的技术标准，编制部门岗位与技术标准对应表，见表6-18。

表6-18 某火力发电企业发电运行部岗位与技术标准对应表

序号	岗位		技术标准				备注
	名称	工作事项	编号	名称	填写报告与记录	对应条款	
1	值长	生产现场安全工作的检查……	DL/T 408—1991	《电业安全工作规程（发电厂和变电所电气部分）》	无	第5.1条……	
2		生产现场设备运行操作技术指导……	Q/×××1×××—2022	300MW机组汽机运行规程	无	第4章	
3			Q/×××1×××—2022	300MW机组电气运行规程	无	第4章	
4			Q/×××1×××—2022	300MW机组锅炉运行规程	无	第4章	
5	……						

（2）各部门根据企业管理标准明细表整理与部门岗位对应的管理标准，编制部门岗位与管理标准对应表，见表6-19。

表6-19 某火力发电企业发电运行部岗位与管理标准对应表

序号	岗位		管理标准				备注
	名称	工作事项	编号	名称	填写报告与记录	对应的条款	
1	值长	工作票的签发……	Q/×××2×××—2022	工作票管理	标准工作票	第5.3条、5.4条……	
2		指挥机组重大启停、重要试验等重大操作……	Q/×××2×××—2022	操作票管理	标准操作票	第5.1条、5.3条……	
3		记录设备存在的缺陷……	Q/×××2×××—2022	设备缺陷管理	缺陷登记表	第5章……	
4	……						

（3）人力资源部组织各部门对部门填写的技术标准、管理标准与岗位对应标准进行整理，查缺补漏，形成完整的企业岗位名录，为更好地开展岗位标准的编写奠定基础，见表6-20。

145

表 6-20 某火力发电企业岗位名录

| 序号 | 岗位 || 技术标准、管理标准 ||| 备注 |
	部门	名称	工作事项	编号	名称	填写报告与记录	对应的条款	
1	发电运行部	值长	生产现场安全工作的检查……	DL/T 408—1991	电业安全工作规程（发电厂和变电所电气部分）	无	第5.1条……	
2				Q/×××2×××—2022	安全生产管理	无	第5.4条	
3			生产现场设备运行操作技术指导……	Q/×××1×××—2022	300MW机组汽机运行规程	无	第4章	
4				Q/×××1×××—2022	300MW机组电气运行规程	无	第4章	
5				Q/×××1×××—2022	300MW机组锅炉运行规程	无	第4章	
6			工作票的签发……	Q/×××2×××—2022	工作票管理	标准工作票	第5.3条、5.4条……	
7			指挥机组重大启停、重要试验等重大操作……	Q/×××2×××—2022	操作票管理	标准操作票	第5.1条、5.3条……	
8			记录设备存在的缺陷……	Q/×××2×××—2022	设备缺陷管理	缺陷登记表	第5章……	
9	……							

当企业的技术标准、管理标准有变化时，各部门应对照标准的变化情况更新部门各岗位与技术标准、管理标准的对应表，为岗位标准的修订做好准备。这时岗位标准的修订，只需关注技术标准、管理标准的变化情况，不用浪费时间重新编制。

17. 岗位标准如何编制？

答：电力企业的所有的生产活动都是利用设备、设施、装置、工器具等通过人的劳动,把一组资源变成期望的产品(供电)。企业的技术活动和管理活动都是通过在岗位上的人实现的。岗位标准的制定,实际上是把企业所有的技术标准和管理标准对接到具体岗位的过程。以一家火力发电企业生产技术部主任岗位标准编写为例(见附录C),以供参考。

18. 标准中的规范性引用文件如何编写?

答: 在标准编写过程中,有些内容在现行标准中已经做了规定,并且这些规定又是适用的,即可规范性引用这些条款。通过规范性引用,这些引用条款成为标准必不可少的内容,因此,在标准编写中可以被引用的文件称为"规范性引用文件"。规范性引用文件由引导语+引用文件清单构成。

(1)引导语的编写。按照 GB/T 1.1—2020《标准化工作导则 第1部分:标准化文件的结构和起草规则》规定,当标准中有规范性引用文件时,引导语为"下列文件中的内容通过文中的规范性引用而构成本文件必不可少的条款。其中,注日期的引用文件,仅该日期对应的版本适用于本文件;不注日期的引用文件,其最新版本(包括所有的修改单)适用于本文件"。当标准没有规范性引用文件时,引导语为"本文件没有规范性引用文件"。

(2)规范性引用文件清单的编写。

1)文件清单的格式。规范性引用文件由文件编号+文件名称构成,注日期的引用文件,文件编号为文件代号、顺序号以及发布年份号,不注日期的引用文件,文件编号为文件代号、顺序号。以《300MW机组汽机运行规程》为例。

300MW 机组汽机运行规程

1 范围

  略。

2 规范性引用文件

  下列文件中的内容通过文中的规范性引用而构成本文件必不可少的

条款。其中，注日期的引用文件，仅该日期对应的版本适用于本文件；不注日期的引用文件，其最新版本（包括所有的修改单）适用于本文件。

　　DL/T 608—2019　300MW～600MW级汽轮机运行导则

　　DL/T 863　汽轮机启动调试导则

　　……

2）文件清单的顺序：国家标准化文件——行业标准化文件——地方标准化文件——团体标准（必要时）化文件——ISO、IEC标准化文件——其他机构或组织的标准化文件。其中，国家标准化文件、ISO、IEC标准化文件直接按照标准顺序号从小到大排列，行业标准化文件、地方标准化文件、团体标准化文件先按文件编号拉丁字母的先后顺序排列，再按标准顺序号从小到大排列，其他机构或组织的标准化文件先按文件年号、再按标准顺序号从小到大排列。以《热工技术监督管理》为例：

热工技术监督管理

1　范围

　　略。

2　规范性引用文件

　　下列文件中的内容通过文中的规范性引用而构成本文件必不可少的条款。其中，注日期的引用文件，仅该日期对应的版本适用于本文件；不注日期的引用文件，其最新版本（包括所有的修改单）适用于本文件。

　　GB 50660　大中型火力发电厂设计规范

　　DL/T 1051　电力技术监督导则

　　DL/T 1083　火力发电厂分散控制系统技术条件

　　JJF 1033　计量标准考核规范

　　××公司规章〔2020〕第2号　热工、继电保护及安全自动装置管理制度

　　××公司规章〔2021〕第1号　检修管理规定

　　……

3)规范性引用文件中编号日期的情况。在编写标准时,规范性引用文件中编号日期存在两种情况,一种是注日期引用,如在标准条款中提及了被引用文件中的具体章、条、图、表或附录的编号,以《300MW 机组锅炉脱硝运行规程》中对空气中有毒物质采样的描述为例:"按照 DL/T 799.4—2019《电力行业劳动环境监测技术规范 第 4 部分:生产性毒物监测》第 6 章的要求执行",那规范性引用文件编号应注日期。另一种是不注日期,如在标准具体内容中没有涉及引用文件的具体条款,以《化学分析仪器作业指导书》中对化验室仪器检验规则的描述为例:"化验室仪器应按照 GB/T 29252—2012《实验室仪器和设备质量检验规则》要求定期检测设备",那规范性引用文件编号可不注日期。

(3) 编写规范性引用文件的注意事项。

1) 规范性引用文件都应在标准条款中被规范引用,成为标准的一部分。

2) 任何文件中,由要求型或指示型条款提及的文件都属于规范性引用文件,由"按"或"按照"等词引出。如"甲醛含量按 GB/T 2912.1—2009 描述的方法测定"等,其中 GB/T 2912.1—2009 为规范性引用文件。

3) 在修订标准时,标准中增加或删除带有引用文件的条款后,应及时在"规范性引用文件"中作出相应的修改,避免导致规范性引用文件遗漏或过多的引用。

4) 术语与定义中由引导语提及的标准应被列入规范性引用文件中;仅在"来源"中提及的相关标准不应列入规范性引用文件中。以编写一个技术标准为例:

3.1

变压器

无运动部件的电能变换器,它改变与电能相关联的电压及电流而不改变频率。

[GB/T 2900.1]——唯一提及

3.2···

> **2 规范性引用文件**
>
> 下列文件中的内容通过文中的规范性引用而构成本文件必不可少的条款。其中，注日期的引用文件，仅该日期对应的版本适用于本文件；不注日期的引用文件，其最新版本（包括所有的修改单）适用于本文件。
>
> GB/T 1094.3 电力变压器 第3部分：绝缘水平、绝缘试验和外绝缘空气间隙
>
> GB/T 2900.1 电工术语 基本术语——应删除
>
> ……

19. 标准中的参考文献如何编写？

答：在编写标准的过程中根据需要会引用若干文件。这些被引用的文件中，有些是被规范性引用，有些是被资料性引用。凡是规范性引用的文件都列入："规范性引用文件"；凡是资料性引用的文件都要列入"参考文献"中。参考文献应置于标准的最后一个附录之后。

在参考文献中需要或可以列出以下文件：

(1) 在标准中，凡是资料性引用的文件应在参考文献中列出，如：

—— "……的信息见 GB/T ××××"；

—— "GB/T ×××× 给出了……"；

—— "……GB/T ×××× 中给出了进一步说明"；

—— "……参见 GB/T ×××× 的内容"。

(2) 标准中起草过程中依据或参考过的文件。除了在标准中资料性引用的文件外，在标准起草过程中依据或参考过的文件也可以列入参考文献。

1) 在标准中，直接引用或间接引用的文件可在参考文献中列出。

在标准编写过程中，当标准的部分内容在相关文件中已有描述，具可操作性，可直接引用或结合企业实际情况进行调整修改，做好标准这部分内容来源的记录，以便以后修订标准作参考，这一类型的文件可列入参考文献中。

以一家火力发电企业填写的引用文件表为例，以供参考，见表6-21。

表6-21　　　　　某火力发电企业引用标准对照表

序号	引用文件			转化纳入企业的标准		具体条款	
	编号	名称	适用条款	编号	名称	直接引用	间接引用
1	GB 6067.1—2010	起重机械安全规程 第1部分：总则	第12.4条、12.5条	Q/×××1215—2020	吊车安全作业指导书	第4.1.2.4条	
2	TSG 11—2020	锅炉安全技术规程	第7.2.4条、第7.4.1条	Q/×××1012 2020	300MW机组锅炉检修规程		第6.8.2条
3	……	……	……	……	……	……	……

2）在起草标准时，参考过的文件可在参考文献中列出。

在起草标准的过程中，可能还会参考一些相关的文件，但没有在标准中体现，也可列在参考文献中，以便以后修订标准作参考。

（3）法律法规、部委规章、文件可以列在参考文献中。

GB/T 20000.3—2014《标准化工作指南　第3部分：引用文件》第5.1.5条明确规定，"在标准中不宜引用下列文件：法律、行政法规、规章和其他政策性文件"。因此，法律法规、部委规章、文件不宜作为标准的规范性引用文件。但GB/T 20000.3—2014第5.1.6条注2中指出："为了帮助标准使用者正确理解标准而提供的附加信息，可以资料引用法规"。因此，法律法规、部委规章、文件可列在参考文献中。

在参考文献的文件清单中应列出该标准资料引用或参考过的每一个文件，清单中的每一个参考文献前应给出文件序号，文件序号由带方括号的阿拉伯数字组成，即[1]、[2]、[3]……。清单中所列的内容及其排列顺序的列出方式建议先法律法规、部委规章，其他文件均与规范性引用文件的要求一致。参考文献格式如下：

参　考　文　献

[1] 中华人民共和国主席令第十三届第八十八号　中华人民共和国安全生产法

> [2] GB/T 33000 企业安全生产标准化基本规范
> [3]
> [4] ××××公司规章〔2020〕82号 安全生产工作规定
> ......

20. 如何实现标准的落地?

答：自编标准编制完毕，如何实现标准的落地，现在以一家火力发电企业为例，以供参考。

（1）每年年初，各部门编制归口管理标准中关键要求的执行表，交标准化管理办公室汇总。例如生产技术部归口管理标准关键要求执行表，见表6-22。

表6-22　　　生产技术部归口管理标准关键要求执行表

序号	标准名称	关键要求	执行台账	执行部门	执行周期
1	技术监督管理	构建技术监督网络	技术监督网络	生产技术部、热机检修部、电热检修部、发电运行部	每年
2		编制技术监督工作计划、总结	技术监督工作计划和总结、整改项目	生产技术部、热机检修部、电热检修部、发电运行部	每年
3		技术监督告警	异常情况告警通知单	生产技术部、热机检修部、电热检修部、发电运行部、计划部	每年
4			年备品备件信息台账	热机检修部、电热检修部	发生时
5		召开技术监督会议	技术监督会议	生产技术部、热机检修部、电热检修部、发电运行部	每年
6	......	......	......	......	......

（2）标准化管理办公室整理各部门归口管理标准关键要求执行表，召

集各部门主任进行确认,明确每一个标准的检查人,形成企业标准管理要求执行表,见表 6-23。

表 6-23　　　　　某公司企业标准关键要求执行表

序号	标准名称	关键要求	执行台账	归口管理部门	检查人	执行部门	每年
1	技术监督管理	构建技术监督网络	技术监督网络	生产技术部	×××	生产技术部、热机检修部、电热检修部、发电运行部	每年
2		编制技术监督工作计划、总结	技术监督工作计划和总结、整改项目	生产技术部	×××	生产技术部、热机检修部、电热检修部、发电运行部	每年
3		技术监督告警	异常情况告警通知单	生产技术部	×××	生产技术部、热机检修部、电热检修部、发电运行部、计划部	每年
4			年备品备件信息台账	生产技术部	×××	热机检修部、电热检修部	每年
5		召开技术监督会议	技术监督会议	生产技术部	×××	生产技术部、热机检修部、电热检修部、发电运行部	每年
6	……	……	……	……	……	……	……

(3)每一个季度,各归口管理部门确定的检查人要对照管辖的标准执行情况至少检查一次,填写监督检查表,交标准化管理办公室汇总。例如办公室归口管理标准监督检查情况,见表 6-24。

表 6-24　　　　　办公室归口管理标准监督检查表

序号	标准名称	关键要求	执行台账	检查人	检查日期	检查情况	存在问题	整改措施
1	技术监督管理	构建技术监督网络	技术监督网络	……	……	……	……	……
2		编制技术监督工作计划、总结	技术监督工作计划和总结、整改项目	……	……	……	……	……

续表

序号	标准名称	关键要求	执行台账	检查人	检查日期	检查情况	存在问题	整改措施
3	技术监督管理	技术监督告警	异常情况告警通知单	……	……	……	……	……
4			年备品备件信息台账	……	……	……	……	……
5		召开技术监督会议	技术监督会议	……	……	……	……	……
6	……	……	……	……	……	……	……	……

（4）每一个季度，标准化管理办公室整理各部门归口管理标准监督检查表，召集各部门主任进行确认，明确整改期限，形成企业标准季度监督检查整改问题表，并发布在企业OA网上，见表6-25。

表6-25　　某公司企业标准第X季度监督检查整改问题表

序号	标准名称	存在问题	责任部门	整改措施	整改期限	监督部门/监督人	完成情况
1	技术监督管理	……	……	……	……	……	……
2	……	……	……	……	……	……	……

（5）各部门针对部门存在的问题进行整改，并将整改完成情况报监督人，监督人填写完全情况后，报标准化管理办公室汇总。

（6）标准化管理办公室根据企业《奖励与考核管理》标准中标准化管理部分的奖惩对存在问题或没有按整改期限完成整改的部门提出考核，并纳入部门季度标准化工作的评价中，从而推动各部门按标准做事的氛围。

21. 标准化工作中，如何有效地开展培训？

答：在标准化工作中，培训是贯穿标准化工作的始终。现在以一个火力发电企业为例，以供参考。

（1）标准化工作的策划阶段，以开展全员培训为主。培训内容：标准化基本知识，如什么是技术标准、管理标准、岗位标准等，培训形式：标准化知识讲座、标准化知识小册子、标准化知识宣传栏、标准化知识考试等。

（2）标准化工作的执行、检查和回顾阶段，以开展有针对性培训为主。培训内容：技术标准编写要求、管理标准编写要求、岗位标准编写要求、标准检查的要点等，培训形式：专题讲课、集中讨论、个别讲解、标准化要点考试等。

22. 在标准化信息系统中，如何设置标准制定流程？

答：在标准编写过程中，要提高标准编写效率，可通过标准化信息系统来实现，见表6-26。附录D是一家集团公司自行开发的标准制定信息流程，供读者参考。

表 6-26　　　　　标准化信息系统制定流程

　　　　　　　　　　　　　　　　　　　　　　查看流程说明

标准名称		标准编号	
拟稿人		审核人	
标准归属单位标准化管理员		标准归口部门	
标准草稿			
标准征求意见稿			
标准会审稿			
标准报批稿			
标准发布稿			
标准草稿审核			
标准征求意见			
标准会审			
公司领导批准			
主管领导签发			
标准发布			

附录A 某火力发电企业的《300MW机组热工检修规程》

300MW机组热工检修规程

1 范围

本标准规定了本企业300MW机组热工设备检修技术标准。

本标准适用于本企业从事300MW机组热工设备检修作业的所有人员。

2 规范性引用文件

下列文件中的内容通过文中的规范性引用而构成本文件必不可少的条款。其中，注日期的引用文件，仅该日期对应的版本适用于本文件；不注日期的引用文件，其最新版本（包括所有的修改单）适用于本文件。

DL/T 701　火力发电厂热工自动化术语

DL/T 774　火力发电厂热工自动化系统检修运行维护

……

3 术语和定义

下列术语和定义适用于本标准。

3.1

自动控制

过程、设备或系统在规定条件下无须操作者干预就能运行的控制。

[DL/T 701—2012，4.2]。

……

4 计算机控制系统

4.1 基本检修项目及质量要求

4.1.1 停运前检查

4.1.1.1 检查各散热风扇的运转状况。

4.1.1.2 检查不间断电源（UPS）供电电压、各机柜供电电压、各类直流电源电压及各电源模件的运行状态。

4.1.1.3 检查计算机控制系统运行日志、数据库运行报警日志。

……

4.1.2 停运后检修

4.1.2.1 一般规定

4.1.2.1.1 检修前，应按计算机控制系统的正常停电程序停运设备，关闭电源，拔下待检修设备电源插头。

4.1.2.1.2 在系统或设备停电后进行设备的清扫。

……

附录B 某火力发电企业的《法律法规与其他要求管理》

法律法规与其他要求管理

1 范围

略。

2 规范性引用文件

略。

3 术语和定义

略。

4 管理职责

4.1 厂长

负责批准本企业的法律法规与其他要求评价报告。

4.2 管理者代表

负责审核本企业的法律法规与其他要求评价报告。

4.3 办公室

4.3.1 是本企业法律法规与其他要求的需求识别、融入、合规性评价及变化与更新的归口管理部门。

4.3.2 负责建立获取法律法规与其他要求的渠道。

4.3.3

4.4 各部门

4.4.1 负责本部门管理所需法律法规与其他要求的需求识别、融入、合规性评价及宣贯培训工作。

4.4.2 负责积极配合好地方主管部门的执法监督、检查和评价。

5 管理内容、方法和要求

5.1 需求的识别

5.1.1 办公室每季度最后一周组织各部门按专业领域开展适用法律法规与其他要求的识别,各部门根据办公室的要求,开展本部门适用法律法规与其他要求的识别,填写"本企业法律法规与其他要求获取单",报办公室汇总。其中:

a) 识别的内容包括:

　　1) 法律、法规;

　　2) 标准:国家、行业、地方或团体颁布的质量、职业健康安全、能源、环境保护等方面的标准;

　　3) 本企业行政主管部门或业务主管部门的规范性指导文件;

　　4) 上级单位颁布的规章制度。

b) 专业领域的划分:

　　1) 生产技术、质量、能源、环境保护等方面由生产技术部进行识别;

　　2) 职业健康安全方面由安全质量环保监察部进行识别;

　　3) 劳动保障、人类资源方面由人力资源部进行识别;

　　4) 职工权益方面由工会办公室进行识别;

　　5) 合同、物资采购、仓储管理方面由计划部进行识别;

　　6) 综合管理类(如会议管理、接待管理、科技档案管理等)由办公室进行识别;

　　7) 检修管理方面由电热检修部、热机检修部进行识别;

　　8) 运行管理方面由生产运行部、市场营销部进行识别;

　　9) 财务管理方面由财务部进行识别;

　　10) 党群、宣传管理方面由政治工作部进行识别;

　　11) 燃料管理方面由燃料部进行识别;

　　12) 纪检监察管理方面由纪委办公室进行识别;

　　13) 合规管理方面由内控合规部进行识别。

c) 识别的渠道包括:

　　1) 从政府机构、行业主管部门和上级单位的发文中获得;

2) 从政府机构、行业主管部门和上级单位举办的有关培训以及调研、学习中获得；

3) 从本企业聘请律师处获得；

4) 从相关方的合作中获得；

5) 从相关信息网站中获得；

6) 从出版机构、书店、专业性报刊、咨询机构、认证机构获得。

5.1.2 办公室收集整理各部门的"本企业法律法规与其他要求获取单"后一周内组织各部门进行适用性识别，确定本企业适用的法律法规与其他要求，并编制"本企业适用的法律法规与其他要求明细表"，在本企业 OA 网站上发布。

5.2 融入

5.2.1 融入准备

5.2.1.1 各部门根据本企业 OA 网站上发布的"本企业适用的法律法规与其他要求明细表"，半个月内收集整理本部门所需法律法规与其他要求的有效文本，并以书面形式反馈至办公室。

5.2.1.2 办公室根据各部门收集整理的法律法规与其他要求的有效文本，两个月以内组织各部门识别出适合本部门的法律法规与其他要求中的具体条款，建立"部门法律法规与其他要求融入清单"，标识出适用条款和要求，做好融入准备工作。

5.2.2 融入实施

办公室每年根据本企业标准修订计划组织各部门开展融入实施工作，各部门对识别出的本部门适用法律法规与其他要求的具体条款进行分解，融入本企业相关的标准制度中，并提供实施的证明材料，填写"部门法律法规与其他要求评价表"（见附录 D）中"法律法规与其他要求的具体条款""转化纳入企业标准""相关证明材料"部分，做好部门融入实施的准备工作。

5.3 传达

各部门按照 Q/×××　××××××《教育培训管理》要求，开展标准化文件的宣贯或法律法规与其他要求培训学习，对法律法规与其他要求进行传达。

5.4 合规性评价

5.4.1 办公室每年组织各部门对部门适用法律法规及其他要求的合规性进行一次评价，填写"部门法律法规与其他要求评价表"中"合规性评价描述"及"评价结果"部分，交办公室。

5.4.2 办公室每年根据各部门的"法律法规与其他要求评价表"的评价情况，会同安全质量环保监察部、生产技术部、人力资源部、工会办公室组织对本企业适用法律法规及其他要求的依从性进行一次综合的合规性评价，编制"本企业法律法规与其他要求评价表"（见附录E），间隔不得超过12个月。

5.4.3 评价内容，包括：

  a) 法律法规及其他要求的版本是否有效；

  b) 转化纳入企业标准条款是否响应和满足法律法规及其他要求；

  c) 外部检查和审核、本企业专项检查、审计、考核中提出的问题和不符合项中提出的不满足法律法规及其他要求是否及时纠正或提出纠正及预防措施；

  d) 违法违规事项。

5.4.4 当出现下列情况之一时，可增加合规性评价的频次：

  a) 本企业生产、经营和服务发生重大变化时；

  b) 发生重大环境、安全投诉时；

  c) 重大环境、能源浪费、安全事故时；

  d) 当本企业适用的法律法规及其他要求发生大范围的变化时。

5.4.5 在实际工作执行过程中，各部门如果发现有违反法律法规与其他要求时，应立即予以纠正，如遇触犯刑法等严重事项时，应于2天内并书面报至办公室。办公室将根据实际情况，在10个工作日内做出处置方案并反馈到相关部门和人员。

5.4.6 办公室根据合规性评价结果、每季度法律法规识别融入结果、年度管理评审、审核发现的法律法规及其他要方面的问题，编制本企业的"法律法规与其他要求评价报告"（见附录F），经管理者代表审核，厂长批准，由办公室发至相关部门，并作为管理评审的输入。

5.5 变化与更新

各部门应动态跟踪所负责业务法律法规与其他要求的变化情况，如发现有最新发布或变化时，应报办公室，由办公室更新本企业标准化信息管理系统数据库，并废止已作废的法律法规与其他要求。

5.6 回顾与改进

每年管理评审前，办公室应对法律法规与其他要求管理工作中存在的问题进行分析总结，提出改进的措施和建议，并作为管理评审的输入文件，实现持续改进。

5.7 检查与考核

每年结合各类检查工作，由办公室对本标准的执行情况进行监督检查。

违反本标准的考核按 Q/××× ××××《考核与奖励管理》执行。

6 报告和记录清单

附表1给出了执行本标准形成的报告和记录清单：

附表1 报告和记录清单

序号	编号	名称	填写人	保存地点	保存时限
1	××××××××.JL01	本企业法律法规与其他要求获取单	各部门兼职标准化管理员	办公室及各部门	1年
2	××××××××.JL02	本企业适用的法律法规与其他要求明细表	办公室文书	办公室	1年
3	……				

附录C 某火力发电企业的《生产技术部主任岗位标准》

生产技术部主任岗位标准

1 范围

本文件规定了生产技术部主任岗位职责、岗位关系、岗位设置与分工、岗位任职资格、工作内容与要求、报告与记录、检查与考核内容。

本文件适用于生产技术部主任岗位工作。

2 规范性引用文件

下列文件中的内容通过文中的规范性引用而构成本文件必不可少的条款。其中，注日期的引用文件，仅该日期对应的版本适用于本文件；不注日期的引用文件，其最新版本（包括所有的修改单）适用于本文件。

Q/××× 2×××—2020 生产考核管理

Q/××× 2×××—2020 会议管理

Q/××× 2×××—2020 职工奖惩管理

3 术语与定义

3.1

一岗双责

指公司各级、各相关部门不仅要完成本职工作范围内的业务工作，同时承担业务范围内的安全生产目标管理工作，按照"谁主管、谁负责""抓生产必须抓安全"的原则履行安全生产职责。

4 岗位职责

4.1 对本部门各岗位安全、廉政、职责的履行负领导责任。

4.2 负责履行"一岗双责"的执行与监督责任。

4.3 负责生产管理考核。

5 岗位任职资格

5.1 学历与职称

具有大学本科以上学历，中级以上职称。

5.2 工作经历

具有 5 年以上工作经历，且从事本专业或其他管理工作三年以上。

5.3 业务知识

5.3.1 专业知识：具有电力工业企业管理、生产技术管理、经济管理等知识；掌握电力生产专业理论，熟悉电力生产运行、检修规程、规范及有关指标、定额等专业知识。

5.3.2 政策法律知识：熟悉国家或行业有关电力安全生产的政策、法律及法规。

5.3.3 管理知识：熟悉质量管理、价值工程、网络技术、决策技术、技术经济分析等现代化管理知识。

5.3.4 相关知识：熟悉电力设备的主要设备参数、性能和各项经济指标，熟悉电力生产流程；了解国内外本专业先进技术和管理方法；有丰富的生产技术经验，能正确判断、协调和处理生产过程中突发的生产技术问题；能组织编制生产管理计划、有协调平衡质量指标、开展质量攻关、技术上赶超和创优活动的能力；能根据企业的目标管理要求分解各项指标、制定生产目标管理体系。

6 岗位关系

本岗位隶属关系和其他岗位的工作接口关系：

a) 直接上级：生产副总经理、总工程师、副总工程师；

b) 直接下级：生产技术部副主任、生产技术部各专工。

7 岗位设置与分工

7.1 生产技术部副主任（1）：负责文明生产、设备检修、检修资料、设备维护保养、备品备件管理。

7.2 生产技术部副主任（2）：负责技术资料、能源和土地、投后评估、设备台账、设备监造、设备评估定级、技术改造、系统安全防护技术监督管理。

7.3 生产技术部汽机专责：负责汽轮机监督、供热监督管理。

7.4 生产技术部电气专责：负责继保及自动装置监督、电能质量监督、自动化监督、通信监督、绝缘监督管理。

7.5 生产技术部锅炉专责：负责锅炉压力容器、锅炉技术监督、锅炉防磨防爆管理。

7.6 生产技术部热工专责：负责热工监督管理。

……

8　工作内容和要求

8.1　按照公司Q/×××2×××—2020《会议管理》第5.3.1、5.3.2条，每周一、周二参加公司周工作例会；每月参加公司月度经济活动分析例会；每月参加公司生产经营例会；每天参加生产例会；每月上旬参加安全例会。

8.2　按照公司Q/×××2×××—2020《职工奖惩管理》6.2.2条，每年7月20日前完成年度绩效评价与奖励发放工作，并将奖惩结果于7月25日前交公司人力资源部。

……

9　检查与考核

9.1　考核权限

本岗位由公司主管领导负责检查考核，本岗位负责检查与考核所属各岗位。

9.2　被考核的主要内容

被考核的主要内容见表1。

表1　　　　　　　　本岗位被考核的主要内容

序号	考核依据	考核内容	考核目标	考核时间
1	年度党风廉政责任状	……	……	年度
2	年度安全目标责任状	……	……	年度
3	年度绩效方案	……	……	月度
…	……			

在编写岗位标准时的注意事项，包括：

（1）岗位设置与分工只在部门主任的岗位标准中体现，包括本部门的所有岗位，其他岗位不需要编制。

（2）工作内容与要求要结合企业岗位名录进行编制，将技术标准与管理标准的要求纳入相关的岗位中，并做到量化，可操作。

附录 D　某集团公司标准制定流程

一、目标

使某具体标准得到审批，制定过程通过流程得到固化、制定过程中的信息得以保存、标准编号统一、规范。

二、适用范围

本流程适用于××××集团公司所属各三级单位。

三、流程

1. 申请：拟稿人

申请内容：输入标准名称、选择审核人、标准归属单位标准化管理员、标准归口部门，在"标准草稿"栏中添加"×××标准（草稿）"后发起申请。（注意，审核人是归口部门的主任，并由系统自动生产）。

2. 标准草稿审核：审核人

审核拟稿人在表单中填报内容及"×××标准（草稿）"后，填写审核意见后提交（注意，提交后自动转给标准归属单位标准化管理员）。

3. 标准草稿规范性审核、形成标准征求意见稿

标准归属单位标准化管理员对"×××标准（草稿）"的规范性进行审核，不符合要求可"指定回退"给拟稿人后重新走流程。符合要求后需下载"×××标准（草稿）"，消除修改痕迹后形成"×××标准（征求意见稿）"并上传至"标准征求意见稿"栏中后提交（注意，提交后自动转给拟稿人）。

4. 选择征求意见方式：拟稿人

选择通过流程征求意见或流程外征求意见。

5. 流程外征求意见

5.1　流程外征求意见

选择流程外征求意见时，标准归口部门应线下组织与标准相关部门的专业人员进行讨论，征求意见，填写线下征求意见表，在"标准征求意见稿"栏上传后提交（注意，提交后自动转给拟稿人）。

5.2 通过流程征求意见

5.2.1 三级单位标准

5.2.1.1 标准征求意见任务分配：相关部门的专业人员

5.2.1.2 标准征求意见任务办理：征求意见经办人

在意见栏填报意见建议或"标准征求意见稿"栏上传意见建议提交（注意，提交后自动转给拟稿人）。

5.2.2 集团公司标准

5.2.2.1 标准征求意见任务办理：征求意见单位标准化管理员

在流程外完成征求意见工作，在意见栏填报意见建议或在"标准征求意见稿"栏上传意见建议。

6. 标准征求意见处理：拟稿人

结合流程内（外）征求意见情况，上传"×××标准征求意见采纳情况"、会议签到表等资料，并对"×××标准（征求意见稿）"进行完善后提交（注意，提交后自动转给归口部门负责人）。

7. 标准征求意见审核：审核人

对"×××标准（征求意见稿）"及"×××标准征求意见采纳情况"进行审核提交拟稿人。

8. 形成标准会审稿：拟稿人

下载"×××标准（征求意见稿）"，消除修改痕迹后形成"×××标准（会审稿）"并上传至"标准会审稿"栏中。

9. 选择会审方式：拟稿人

选择通过流程会审或流程外会审。

10.1 流程外会审

选择流程外会审时，标准归口部门应线下组织与标准相关部门的主任进行讨论，形成会审意见，填写线下会审意见表，在"标准会审稿"栏上传后提交（注意，提交后自动转给拟稿人）。

10.2 通过流程会审

10.2.1 标准会审任务分配：相关部门主任

10.2.2 标准会审任务办理：会审经办人

在意见栏填报意见建议或在"标准会审稿"栏上传意见建议（注意，提交后自动转给拟稿人）。

11. 标准会审意见处理：拟稿人

结合流程内（外）会审情况，上传"×××标准会审采纳情况"、会议签到表等资料，并对"×××标准（会审稿）"进行完善后提交归口部门主任审核。

12. 标准会审意见审核：审核人

对"×××标准（会审稿）"及"×××标准会审采纳情况"进行审核后提交拟稿人。

13. 形成标准报批稿：拟稿人

下载"×××标准（会审稿）"，消除修改痕迹后形成"×××标准（报批稿）"并上传至"标准报批稿"栏中后提交归口部门主任审核。

14. 标准报批稿审核：归口部门负责人

对"×××标准（报批稿）"及"×××标准会审采纳情况"进行审核后提交拟稿人。

15. 完善标准报批稿：拟稿人

完善"×××标准（报批稿）"格式后提交标准化分口管理部门负责人。

16. 标准化分口管理部门审核：标准化分口管理部门负责人

技术标准、管理标准、工作标准的主管部门负责人对"×××标准（报批稿）"及"×××标准会审采纳情况"进行审核后提交拟稿人。

17. 完善标准报批稿：拟稿人

完善"×××标准（报批稿）"后提交归口部门分管领导。

18. 批准：标准归口部门分管领导

批准"×××标准（报批稿）"，提交主要领导签发。

19. 签发：主要领导

对"×××标准（报批稿）"进行签发提交（注意，提交后自动转给标准归属单位标准化管理员）。

20. 形成标准发布稿：标准归属单位标准化管理员

如批准、签发阶段领导有需完善的批示，可选择指定回退至批准前拟稿人完善标准，重新履行批准手续，否则完善"×××标准（报批稿）"中的"发布日期""实施日期""标准编号"等要素后，形成"×××标准"并上传至标准制定会审单"标准发布稿"栏中，在标准制定会审单"标准编号"栏填写本标准编号，提交后流程结束，所有附件全部锁定。

附录 E 中华人民共和国标准化法

中华人民共和国标准化法

（1988年12月29日第七届全国人民代表大会常务委员会第五次会议通过 2017年11月4日第十二届全国人民代表大会常务委员会第三十次会议修订）

第一章 总 则

第一条

为了加强标准化工作，提升产品和服务质量，促进科学技术进步，保障人身健康和生命财产安全，维护国家安全、生态环境安全，提高经济社会发展水平，制定本法。

第二条

本法所称标准（含标准样品），是指农业、工业、服务业以及社会事业等领域需要统一的技术要求。标准包括国家标准、行业标准、地方标准和团体标准、企业标准。国家标准分为强制性标准、推荐性标准，行业标准、地方标准是推荐性标准。强制性标准必须执行。国家鼓励采用推荐性标准。

第三条

标准化工作的任务是制定标准、组织实施标准以及对标准的制定、实施进行监督。县级以上人民政府应当将标准化工作纳入本级国民经济和社会发展规划，将标准化工作经费纳入本级预算。

第四条

制定标准应当在科学技术研究成果和社会实践经验的基础上，深入调查论证，广泛征求意见，保证标准的科学性、规范性、时效性，提高标准质量。

第五条

国务院标准化行政主管部门统一管理全国标准化工作。国务院有关行政主管部门分工管理本部门、本行业的标准化工作。县级以上地方人民政府标准化行政主管部门统一管理本行政区域内的标准化工作。县级以上地方人民政府有关行政主管部门分工管理本行政区域内本部门、本行业的标准化工作。

第六条

国务院建立标准化协调机制，统筹推进标准化重大改革，研究标准化重大政策，对跨部门跨领域、存在重大争议标准的制定和实施进行协调。设区的市级以上地方人民政府可以根据工作需要建立标准化协调机制，统筹协调本行政区域内标准化工作重大事项。

第七条

国家鼓励企业、社会团体和教育、科研机构等开展或者参与标准化工作。

第八条

国家积极推动参与国际标准化活动，开展标准化对外合作与交流，参与制定国际标准，结合国情采用国际标准，推进中国标准与国外标准之间的转化运用。国家鼓励企业、社会团体和教育、科研机构等参与国际标准化活动。

第九条

对在标准化工作中做出显著成绩的单位和个人，按照国家有关规定给予表彰和奖励。

第二章 标 准 的 制 定

第十条

对保障人身健康和生命财产安全、国家安全、生态环境安全以及满足经济社会管理基本需要的技术要求，应当制定强制性国家标准。国务院有关行政主管部门依据职责负责强制性国家标准的项目提出、组织起草、征求意见和技术审查。国务院标准化行政主管部门负责强制性国家标准的立项、编号和对外通报。国务院标准化行政主管部门应当对拟制定的强制性国家标准是否符合前款规定进行立项审查，对符合前款规定的予以立项。省、自治区、直辖市人民政府标准化行政主管部门可以向国务院标准化行政主管部门提出强制性国家标准的立项建议，由国务院标准化行政主管部门会同国务院有关行政主管部门决定。社会团体、企业事业组织以及公民可以向国务院标准化行政主管部门提出强制性国家标准的立项建议，国务院标准化行政主管部门认为需要立项的，会同国务院有关行政主管部门决定。强制性国家标准由国务院批准发布或者授权批准发布。法律、行政法规和国务院决定对强制性标准的制定另有规定的，从其规定。

第十一条

对满足基础通用、与强制性国家标准配套、对各有关行业起引领作用等需要的技术要求，可以制定推荐性国家标准。推荐性国家标准由国务院标准化行政主管部门制定。

第十二条

对没有推荐性国家标准、需要在全国某个行业范围内统一的技术要求，可以制定行业标准。行业标准由国务院有关行政主管部门制定，报国务院标准化行政主管部门备案。

第十三条

为满足地方自然条件、风俗习惯等特殊技术要求，可以制定地方标准。地方标准由省、自治区、直辖市人民政府标准化行政主管部门制定；设区的市级人民政府标准化行政主管部门根据本行政区域的特殊需要，经所在地省、自治区、直辖市人民政府标准化行政主管部门批准，可以制定本行政区域的地方标准。地方标准由省、自治区、直辖市人民政府标准化行政主管部门报国务院标准化行政主管部门备案，由国务院标准化行政主管部门通报国务院有关行政主管部门。

第十四条

对保障人身健康和生命财产安全、国家安全、生态环境安全以及经济社会发展所急需的标准项目，制定标准的行政主管部门应当优先立项并及时完成。

第十五条

制定强制性标准、推荐性标准，应当在立项时对有关行政主管部门、企业、社会团体、消费者和教育、科研机构等方面的实际需求进行调查，对制定标准的必要性、可行性进行论证评估；在制定过程中，应当按照便捷有效的原则采取多种方式征求意见，组织对标准相关事项进行调查分析、实验、论证，并做到有关标准之间的协调配套。

第十六条

制定推荐性标准，应当组织由相关方组成的标准化技术委员会，承担标准的起草、技术审查工作。制定强制性标准，可以委托相关标准化技术委员会承担标准的起草、技术审查工作。未组成标准化技术委员会的，应当成立专家组承担相关标准的起草、技术审查工作。标准化技术委员会和专家组的组成应当具有广泛代表性。

第十七条

强制性标准文本应当免费向社会公开。国家推动免费向社会公开推荐性标准文本。

第十八条

国家鼓励学会、协会、商会、联合会、产业技术联盟等社会团体协调相关市场主体共同制定满足市场和创新需要的团体标准，由本团体成员约定采用或者按照本团体的规定供社会自愿采用。制定团体标准，应当遵循开放、透明、公平的原则，保证各参与主体获取相关信息，反映各参与主体的共同需求，并应当组织对标准相关事项进行调查分析、实验、论证。国务院标准化行政主管部门会同国务院有关行政主管部门对团体标准的制定进行规范、引导和监督。

第十九条

企业可以根据需要自行制定企业标准，或者与其他企业联合制定企业标准。

第二十条

国家支持在重要行业、战略性新兴产业、关键共性技术等领域利用自主创新技术制定团体标准、企业标准。

第二十一条

推荐性国家标准、行业标准、地方标准、团体标准、企业标准的技术要求不得低于强制性国家标准的相关技术要求。国家鼓励社会团体、企业制定高于推荐性标准相关技术要求的团体标准、企业标准。

第二十二条

制定标准应当有利于科学合理利用资源，推广科学技术成果，增强产品的安全性、通用性、可替换性，提高经济效益、社会效益、生态效益，做到技术上先进、经济上合理。禁止利用标准实施妨碍商品、服务自由流通等排除、限制市场竞争的行为。

第二十三条

国家推进标准化军民融合和资源共享，提升军民标准通用化水平，积极推动在国防和军队建设中采用先进适用的民用标准，并将先进适用的军用标准转化为民用标准。

第二十四条

标准应当按照编号规则进行编号。标准的编号规则由国务院标准化行政主管部门制定并公布。

第三章 标准的实施

第二十五条

不符合强制性标准的产品、服务，不得生产、销售、进口或者提供。

第二十六条

出口产品、服务的技术要求，按照合同的约定执行。

第二十七条

国家实行团体标准、企业标准自我声明公开和监督制度。企业应当公开其执行的强制性标准、推荐性标准、团体标准或者企业标准的编号和名称；企业执行自行制定的企业标准的，还应当公开产品、服务的功能指标和产品的性能指标。国家鼓励团体标准、企业标准通过标准信息公共服务平台向社会公开。企业应当按照标准组织生产经营活动，其生产的产品、提供的服务应当符合企业公开标准的技术要求。

第二十八条

企业研制新产品、改进产品，进行技术改造，应当符合本法规定的标准化要求。

第二十九条

国家建立强制性标准实施情况统计分析报告制度。国务院标准化行政主管部门和国务院有关行政主管部门、设区的市级以上地方人民政府标准化行政主管部门应当建立标准实施信息反馈和评估机制，根据反馈和评估情况对其制定的标准进行复审。标准的复审周期一般不超过五年。经过复审，对不适应经济社会发展需要和技术进步的应当及时修订或者废止。

第三十条

国务院标准化行政主管部门根据标准实施信息反馈、评估、复审情况，对有关标准之间重复交叉或者不衔接配套的，应当会同国务院有关行政主管部门作出处理或者通过国务院标准化协调机制处理。

第三十一条

县级以上人民政府应当支持开展标准化试点示范和宣传工作，传播标准化理念，推广标准化经验，推动全社会运用标准化方式组织生产、经营、管理和服务，发挥标准对促进转型升级、引领创新驱动的支撑作用。

第四章　监　督　管　理

第三十二条

县级以上人民政府标准化行政主管部门、有关行政主管部门依据法定职责，对标准的制定进行指导和监督，对标准的实施进行监督检查。

第三十三条

国务院有关行政主管部门在标准制定、实施过程中出现争议的，由国务院标准化行政主管部门组织协商；协商不成的，由国务院标准化协调机制解决。

第三十四条

国务院有关行政主管部门、设区的市级以上地方人民政府标准化行政主管部门未依照本法规定对标准进行编号、复审或者备案的，国务院标准化行政主管部门应当要求其说明情况，并限期改正。

第三十五条

任何单位或者个人有权向标准化行政主管部门、有关行政主管部门举报、投诉违反本法规定的行为。标准化行政主管部门、有关行政主管部门应当向社会公开受理举报、投诉的电话、信箱或者电子邮件地址，并安排人员受理举报、投诉。对实名举报人或者投诉人，受理举报、投诉的行政主管部门应当告知处理结果，为举报人保密，并按照国家有关规定对举报人给予奖励。

第五章 法 律 责 任

第三十六条

生产、销售、进口产品或者提供服务不符合强制性标准，或者企业生产的产品、提供的服务不符合其公开标准的技术要求的，依法承担民事责任。

第三十七条

生产、销售、进口产品或者提供服务不符合强制性标准的，依照《中华人民共和国产品质量法》《中华人民共和国进出口商品检验法》《中华人民共和国消费者权益保护法》等法律、行政法规的规定查处，记入信用记录，并依照有关法律、行政法规的规定予以公示；构成犯罪的，依法追究刑事责任。

第三十八条

企业未依照本法规定公开其执行的标准的，由标准化行政主管部门责令限期改正；逾期不改正的，在标准信息公共服务平台上公示。

第三十九条

国务院有关行政主管部门、设区的市级以上地方人民政府标准化行政主管部门制定的标准不符合本法第二十一条第一款、第二十二条第一款规定的，应当及时改正；拒不改正的，由国务院标准化行政主管部门公告废止相关标准；对负有责任的领导人员和直接责任人员依法给予处分。社会团体、企业制定的标准不符合本法第二十一条第一款、第二十二条第一款规定的，由标准化行政主管部门责令限期改正；逾期不改正的，由省级以上人民政府标准化行政主管部门废止相关标准，并在标准信息公共服务平台上公示。违反本法第二十二条第二款规定，利用标准实施排除、限制市场竞争行为的，依照《中华人民共和国反垄断法》等法律、行政法规的规定处理。

第四十条

国务院有关行政主管部门、设区的市级以上地方人民政府标准化行政主管部门未依照本法规定对标准进行编号或者备案，又未依照本法第三十四条的规定改正的，由国务院标准化行政主管部门撤销相关标准编号或者公告废止未备案标准；对负有责任的领导人员和直接责任人员依法给予处分。国务院有关行政主管部门、设区的市级以上地方人民政府标准化行政主管部门未依照本法规定对其制定的标准进行复审，又未依照本法第三十四条的规定改正的，对负有责任的领导人员和直接责任人员依法给予处分。

第四十一条

国务院标准化行政主管部门未依照本法第十条第二款规定对制定强制性国家标准的项目予以立项，制定的标准不符合本法第二十一条第一款、第二十二条第一款规定，或者未依照本法规定对标准进行编号、复审或者予以备案的，应当及时改正；对负有责任的领导人员和直接责任人员可以依法给予处分。

第四十二条

社会团体、企业未依照本法规定对团体标准或者企业标准进行编号的，由标准化行政主管部门责令限期改正；逾期不改正的，由省级以上人民政府标准化行政主管部门撤销相关标准编号，并在标准信息公共服务平台上公示。

第四十三条

标准化工作的监督、管理人员滥用职权、玩忽职守、徇私舞弊的，依法给予处分；构成犯罪的，依法追究刑事责任。

第六章　附　　则

第四十四条

军用标准的制定、实施和监督办法，由国务院、中央军事委员会另行制定。

第四十五条

本法自 2018 年 1 月 1 日起施行。

参 考 文 献

[1] 李春田. 企业标准化战略三步曲. 北京：中国标准出版社，2012.
[2] 中国电力企业联合会标准化管理中心. 电力企业标准化工作指南. 北京：中国电力出版社，2019.